# La Révolution à Saint-Phal

## (1787-1795)

PAR

G. CHANDELLIER

PROFESSEUR D'HISTOIRE AU LYCÉE DE TROYES

ARCIS-SUR-AUBE

SOCIÉTÉ ANONYME DES IMPRIMERIES RÉUNIES

—

1910

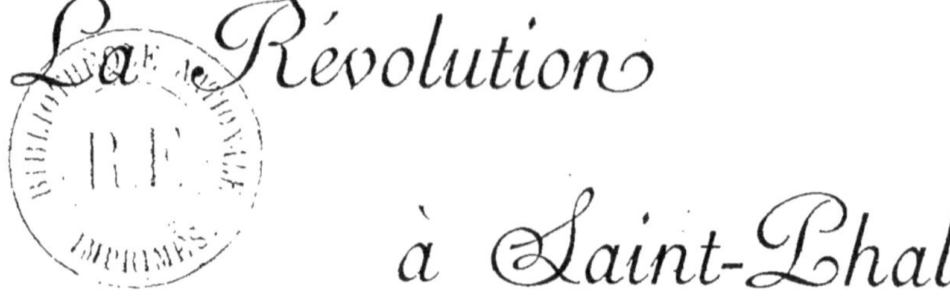

# La Révolution à Saint-Phal

(1787-1795)

PAR

G. CHANDELLIER

PROFESSEUR D'HISTOIRE AU LYCÉE DE TROYES

ARCIS-SUR-AUBE

SOCIÉTÉ ANONYME DES IMPRIMERIES RÉUNIES

—

1910

# LA RÉVOLUTION A SAINT-PHAL

## (1787-1795)

## INTRODUCTION

Jusqu'à ces derniers temps, on a peu écrit sur la vie au village pendant la Révolution. Les précieux documents qui en gardent les traces dormaient dans la poussière des archives. Cet oubli immérité va enfin cesser : un mouvement d'études et de recherches commence, qui fera à nos villageois de 89 une juste place dans l'histoire locale. Mais il n'est pas toujours facile de déterminer la part qu'ils ont prise à la conquête des Droits de l'Homme. Beaucoup de registres de la vie municipale au temps de la Révolution ont disparu. C'est une bonne fortune d'en rencontrer un comme celui de Saint-Phal, qui commence dès 1787. Nous y avons cherché les éléments d'une monographie du village de Saint-Phal pendant les années que remplit l'histoire de nos trois grandes Assemblées révolutionnaires : la Constituante, la Législative, la Convention.

Pour rendre cette étude plus complète, nous l'avons fait précéder de la reproduction du cahier de doléances des habitants de Saint-Phal en 89, et nous l'avons fait suivre de l'exposé des changements que la Révolution a apportés ou préparés, à Saint-Phal, dans l'état de la propriété rurale. De là les trois grandes divisions de notre travail : 1° Etat de la communauté de Saint-Phal en 1789 ; 2° la Révolution dans la vie municipale de 1789 à 1795 ; 3° la Révolution dans l'état de la propriété.

## I. État de la communauté de Saint-Phal à la fin de l'ancien régime.

Pour établir cet état, il nous suffira de consulter deux documents :

1° Le plus ancien registre de délibérations de l'assemblée municipale de Saint-Phal, qui a été commencé le 26 août 1787 et terminé le 27 fructidor an III (13 septembre 1795) (1) ;

2° Le cahier de doléances de la municipalité de Saint-Phal, châtellenie du bailliage de Troyes, conservé aux archives du département de l'Aube (B. 19, n° 207).

Dans les premières pages du registre que nous citons, on trouve un « Etat de la communauté de Saint-Phal, établi à la demande de l'élection de Troyes par une assemblée tenue le dimanche 21 octobre 1787, à l'issue des vêpres, sous la présidence du curé Le Roy ». Il y avait alors à Saint-Phal 190 ménages ou feux, 115 hommes et 115 femmes mariés, 7 veufs et 32 veuves, 62 garçons et 83 filles ; au total, 414 personnes (2). On y comptait 40 laboureurs et 92 manouvriers. Les laboureurs se répartissaient en trois groupes d'inégale importance : 1° 8 laboureurs d'une charrue, c'est-à-dire cultivant chacun au moins 75 arpents de trois saisons ; 2° 15 laboureurs de demi-charrue, et 3° 17 de quart de charrue. Outre leurs biens propres, souvent de peu d'importance, ces laboureurs font valoir des biens étrangers : « Il n'y en a point qu'ils ne fassent valoir le bien étranger, avec le peu qu'ils ont. » Ce sont tous des fermiers. Ils possèdent ensemble 79 chevaux (y compris deux bœufs pour un cheval), 50 vaches, 400 brebis, 25 cochons. Ils n'ont que de mauvais chemins pour transporter les produits de leurs terres, chemins « impraticables pour tirer nos emblaves », disent-ils. Saint-Phal se trouve sur un chemin qui va de Tonnerre à Troyes, mais les ponts, « qui sont en ruine », le rendent peu praticable (3). D'ailleurs « les rouliers l'abîment

---

(1) Ce registre est conservé à la mairie de Saint-Phal ; nous avons pu le consulter à loisir, grâce à l'obligeance de M. Moslard, maire de Saint-Phal.

(2) D'après le registre de Saint-Phal, un autre état, dressé le 17 août 1788, attribue à Saint-Phal 95 feux et 25 demi-feux, et énumère les dépendances : la Motte-Philippe, 4 feux ; le Pont-aux-Verriers, 13 feux ; Forêt-Chenu, 14 feux ; les fermes de la Trémagne, 3 feux, et des Joncs, 1 feu ; les fiefs du Perchois, 1 feu ; du Bois-Guerry, 1 feu ; de la Commanderie de l'Hôpital du Temple de Troyes, 5 feux ; total 137 feux et 25 demi-feux. — Le finage entier renfermait 781 habitants en 1790. (Communication de M. Vernier, d'après Arch. dép.)

(3) Le marché le plus proche de la paroisse est la ville de Troyes, dis-

par leur passage fréquent », et, en 1787, « les habitants n'entretiennent comme corvée que les parties des rues de Saint-Phal où passe la route ».

L'état sanitaire laisse à désirer : « Les trois quarts des habitants sont encore malades de fièvre continue douze mois » ; et cette même année 1787, « la paroisse a été grêlée deux fois au mois de juin, ce qui cause moitié perte de la récolte ». A ces maux s'ajoutent des impôts très lourds, dont nous donnerons le chiffre en reproduisant le cahier des doléances.

Enfin, il y a une école au village; mais « le maître d'école n'a de ressource pour vivre que le casuel et mois d'école des enfants; il n'y a point de fondation pour son entretien. Celui qui remplit la place est du pays et y a son bien; s'il manquait, un autre retournerait à la charge de la communauté ».

L'instruction donnée est toute rudimentaire, et beaucoup d'hommes restent illettrés; à Saint-Phal, en 1789, 65 hommes seulement ont pu signer le cahier de doléances.

Ce cahier, qui ne porte pas de date, a dû être rédigé, comme ceux du même bailliage, vers le milieu de mars, car il devait être porté à l'assemblée générale du bailliage de Troyes le 19 mars 1789.

Le cahier de doléances de Saint-Phal compte 16 pages écrites, y compris les signatures. L'écriture est un peu ronde, peu penchée, bien lisible, et le style est correct. L'auteur de ce cahier est un esprit cultivé, qui a lu les philosophes ; il est au courant des projets de réformes, notamment en matière d'impôts (1).

Les deux députés à l'assemblée du bailliage de Troyes, élus par la communauté de Saint-Phal, furent : Nicolas Vivien, procureur fiscal, et Louis Auger, lieutenant de justice.

---

tante de cinq lieues, et la mesure de Troyes est adoptée pour les grains. Il y avait à Saint-Phal 4 foires par an : le 17 mai, le 22 juillet, le 10 octobre et le 21 décembre (D'après Courtalon, *Topographie historique du diocèse de Troyes*, t. III, p. 128-129).

(1) On remarquera que le cahier de doléances de Saint-Phal s'étend longuement sur les impôts de l'ancien régime, et qu'il ne renferme pas un mot de protestation contre les droits féodaux, droits contre lesquels les habitants de Saint-Phal se révolteront en 1792. C'est pourquoi nous inclinons à croire qu'il a été rédigé par un agent du seigneur, c'est-à-dire par l'un des deux notaires de Saint-Phal, Louis Auger et Nicolas Vivien. Le premier était lieutenant de justice et le second procureur fiscal; tous deux furent députés à l'assemblée du bailliage par les habitants de Saint-Phal. Nicolas Vivien a pu dicter, sinon écrire, le cahier; Louis Auger en a coté et paraphé les pages. Ajoutons que l'art. 6 du cahier s'élève contre « l'avidité des procureurs des villes » et contre « l'abus du droit d'appel » au profit des tribunaux des villes.

## CAHIER DES DOLÉANCES DE LA MUNICIPALITÉ DE SAINT-PHAL CHATELLENIE DU BAILLIAGE DE TROYES

### ART. 1er

*Analyse : Les impôts payés par les habitants de Saint-Phal emportent la moitié du revenu réel.*

La taille (1) que payent les habitants de Saint-Phal est trop considérable à raison de la nature de leurs propriétés et des exploitations qu'ils peuvent faire. Leur terrain situé au midi est humide, marécageux, ce qui empêche, dans les années pluvieuses, d'ensemencer les terres qui ont reçu tous leurs labours. La plus grande partie du finage, située au nord à partir du grand chemin d'Auxerre, est de craye, pleine de cailloux, montagneuse et si aride qu'il en reste beaucoup en friche ; le peu qu'on en fait valoir est imposé sur les propriétaires cultivateurs à un trop haut taux, et le marc de la taille en général, joint aux vingtièmes et accessoires, emporte la moitié du revenu réel.

### ART. 2

*Les vingtièmes sont trop considérables à raison de la difficulté ou des frais considérables qu'entraîne l'exportation des denrées.*

En faisant le rôle des vingtièmes (2), les contrôleurs de ces impositions n'ont pas eu assez d'égard aux charges d'entretien des maisons, à leur mauvaise construction, à la modicité de leur espace et du terrain qui les environne ; comme elles sont presque toutes couvertes en paille, elles sont très exposées aux incendies. Le travail du contrôleur a occasionné une augmentation considérable dans cet impôt qui surcharge la paroisse, en ce que les chemins de Troyes ou d'Ervy étant impraticables aussitôt qu'il est tombé de la pluye, les habitants sont privés de la ressource qu'ils trouvent dans le débit de leurs denrées qui, seules, peuvent leur fournir de l'argent pour payer la taille et les vingtièmes.

### ART. 3

*Les habitants payent un sixième de leur taille pour leur contribution à la corvée, et sont encore obligés à un travail égal au moins en valeur à la première imposition ; de sorte qu'ils payent deux fois la corvée, d'abord en argent, ensuite en travail.*

---

(1) D'après l'état de 1787, la taille, principal et accessoires, monte à 4,719 livres et 6 sols ; le marc la livre des impôts est de 33 sols 8 deniers 3 huitièmes. La taille était levée par les collecteurs, d'ordinaire deux par village, choisis parmi « *les plus anciens dans le mariage* » (Arrêt du 8 août 1788).

(2) D'après l'état de 1787, le rôle des vingtièmes montait à 3,449 livres 4 sols 6 deniers, et les revenus étaient ainsi évalués : pré, 10 livres ; terre, 2 livres, et vigne 10 livres l'arpent. On comptait également 10 livres de revenu par arpent d'accin. On verra plus loin que les biens nobles supportaient en partie les vingtièmes : à Saint-Phal, environ 1,550 l.; restait la somme de 1,900 l. pour les biens roturiers. En l'ajoutant à la taille, on obtient un total de 6,600 livres environ d'impôts directs, ce qui, d'après l'art. 1, correspondrait à un revenu réel de 6,600 × 2 = 13,200 livres.

Les habitants payent un sixième en sus du montant de leur taille pour tenir lieu de leur contribution à la corvée ; ils ont le plus grand sujet de doléance à cet égard. Lorsqu'on a entrepris de rétablir la route d'Auxerre à Troyes, ils espéraient que cette route passerait sur leur finage et servirait à la traite de leurs denrées et des productions de vins, bois, chanvres, qui croissent sur leurs terrains ; ils ont eu le chagrin de voir que l'on changeait le chemin pour le faire passer par Bouilly, Javernant et Sommeval, dans des terrains remplis de montagnes, peu habités, et qui, par leur situation, sont peu susceptibles à l'exportation du bois qui environne Saint-Phal ; éloignés de plus en plus de la route par ce nouvel arrangement, ils se voyent dans l'impossibilité de transporter leurs productions, et forcés cependant de payer leur contribution à la corvée sans pouvoir en profiter (1) ; au lieu que, si le chemin d'Auxerre, aussi ancien que la Champagne, distribué, tracé, et même construit par les Romains lors de leur entrée dans les Gaules, était continué, il faciliterait la traite des denrées, celle des bois pour la provision de Troyes, et des vendanges que produisent les vignes appartenantes aux habitants de Troyes, situées sur Saint-Phal, Crésantine, Machy, Saint-Jean-de-Bonneval, Javernant et même de Bouilly, ces deux derniers villages étant sur la route ancienne, ou très limitrophes ; outre cet avantage, le pays y trouverait une communication plus aisée entre Tonnerre et Troyes. [L'embranchement de Tonnerre passe par Saint-Phal, et neuf mois de l'année (2) empêchent ce passage, malgré les corvées que les habitants sont obligés de faire tous les ans sur leur finage pour l'entretien de cette communication de Tonnerre à Troyes. De là il arrive que la paroisse, qui n'a ni communes ni bois d'usage comme les paroisses voisines, paye en argent et en travail le double des autres communautés.] (3).

ART. 4

*Monopoles exercés pour les droits d'aides ; combien il serait avantageux de convertir ce droit en un autre moins dispendieux.*

Les habitants de la campagne connaissent peu les loix bursales ; les fermiers des droits du roi les connaissent parfaitement et les sçavent interpréter à leur profit ; les droits d'aydes sont dans ce cas. Outre les tailles, capitations, vingtièmes et autres charges que supportent les habitants de Saint-Phal, ils sont encore sujets aux droits d'aides. Un père de famille est taxé pour ce qu'il doit boire, et si la nécessité l'oblige d'en

(1) Avant la suppression de la corvée, la communauté de Saint-Phal devait entretenir sur la grand'route « 12 toises 4 pieds de longueur », à la distance de 3 lieues et demie de la paroisse. En 87, la contribution en argent qui avait remplacé la corvée montait à 765 livres 12 sols 6 deniers, et la communauté demandait qu'une partie de cette contribution « soit employée aux réparations urgentes et nécessaires absolument du chemin, depuis le gué de la ferme des Joncs jusqu'au Cheminot où finit le finage, et que l'on en destine une part pour raccommoder les ponts qui sont en ruine et rétablir par là une communication utile à la ville de Troyes ».

(2) Il y avait en première rédaction ces mots rayés : « la saison d'hiver. »

(3) Les [ ] se trouvent dans l'original.

boire davantage, il est sujet à ce qu'on appelle gros manquant, ou à payer le trop bu. En cas de perte de vin ou d'erreur dans la déclaration faite au fermier (1), le propriétaire est condamné à une amende. Tous ces monopoles ne sont pas connus du souverain, qui veut le bonheur de ses sujets et qui ne le fait pas parce qu'il est environné de gens intéressés à lui cacher les malheurs de son peuple. Il serait heureux que ce droit fût supprimé et converti en un autre droit moins dispendieux pour les frais de régie. Cela anéantirait en France quatre cent mille sangsues et le roi n'en retirerait pas moins.

### ART. 5

*Abus et vexations dans le droit de contrôle, centième denier, etc.*

Un droit aussi onéreux et aussi vexatoire, c'est le droit de contrôle, insinuation, centième denier, dont l'extension se multiplie tous les jours à l'infini au gré du fermier (2), qui suppose des gens à lui pour faire juger des questions utiles à son profit. Un habitant de la campagne aura une succession collatérale ; il ignore souvent qu'il doit un droit de centième denier pour les immeubles qui lui sont échus ; si, dans le délai, il ne paie point ce droit, alors le fermier décerne une contrainte et exige un double droit. Si un roturier possède un fief, le fermier décerne une contrainte arbitraire et souvent fait payer le débiteur beaucoup plus qu'il ne doit réellement. Dans cette partie d'administration, le fermier est juge et partie. Ce sont des abus et vexations qui méritent la plus grande attention pour les faire réformer.

### ART. 6

*Abus à réformer dans l'administration de la justice pour les gens de la campagne.*

Un autre abus, et qui forme une des doléances les plus intéressantes, c'est la réforme des frais de justice. L'ignorance des gens de la campagne les expose à être la victime de ces abus ; l'avidité des procureurs des villes leur suggère tous les moyens d'attirer les affaires dans les tribunaux où ils occupent, et distrayent de leurs occupations les malheureux habitants de la campagne, qui perdent beaucoup de temps dans les différents voyages occasionnés par les lenteurs et les retards de la justice. Il serait donc à désirer que le souverain, par des loix fixes et invariables,

---

(1) C'est-à-dire au financier qui a pris l'impôt à bail ou à l'un de ses agents. Il y avait eu à Saint-Phal, le 22 juillet 1677, un acte de rébellion contre un commis des aides, Nicolas Hicquard, venu de Troyes pour faire sa visite chez les cabaretiers. Un habitant, appelé Champy, armé d'un bâton et d'une pelle de bois, reconnut le commis : « Vous êtes, lui dit-il, un bougre de voleur de maltôtier ; vous êtes cause que nous buvons le vin cher. » Et en même temps, il porta au commis un grand coup dans l'estomac. Le procureur fiscal de Jeugny, qui était présent, voulut calmer Champy ; mais ce dernier frappa le procureur à coups de pelle de bois et à coups de poing. Ces choses se passaient en présence de plus de 200 personnes, et la population mutinée empêchait les gens de bonne volonté d'aller chercher du secours. (Arch. départ., C. 1743.)

(2) Le financier qui a pris cet impôt à bail.

attribuât aux juges des lieux où demeurent les justiciables le droit de juger sans appel, et après une remise en plus de la cause, les affaires au-dessous de cent livres. Les juges et consuls des villes devraient aussi, pour les affaires de leur compétence, pouvoir juger sans appel jusqu'à mille livres, et les bailliages et présidiaux jusqu'à trois ou quatre mille, parce que les frais et dépenses de voyages excèdent toujours la somme contestée.

ART. 7

*Les curés seuls devraient être décimateurs dans les paroisses de la campagne. Le bien qui résulterait de cette réforme.*

Il serait bien nécessaire que les curés, qui portent le poids du jour et de la chaleur, et sont sans cesse occupés des besoins spirituels et temporels de leur paroisse, jouissent seuls des dixmes, et ne vissent pas des abbés ou des prieurs recueillir, sans rien faire, le fruit de leur travail et se contenter de leur donner une portion congrue (1). Comment, avec une somme aussi modique, pouvoir vivre d'une manière convenable à la dignité du ministère, et soulager les pauvres d'une paroisse considérable ? Les curés, alors, sont obligés de recourir aux droits du casuel, ressource aussi affligeante pour leur cœur sensible que douloureux pour la veuve ou l'orphelin, qui, en perdant son époux ou son père, perdent encore le dernier fruit de ses peines et de ses travaux. Un des grands abus qui résultent de cette mauvaise administration qui nourrit et engraisse de pieux fainéans et laisse dans la disette le pasteur vigilant et infatigable, c'est que la plupart des diocèses manquent de ministres pour le service des paroisses de la campagne, ce qui oblige bien des curés de biner les dimanches et les fêtes. Le seul moyen de remettre le ministère pastoral en honneur, ce serait de supprimer une partie des chapitres inutiles dans les villes, et de répartir leur revenu sur les curés et vicaires congruistes, dans les paroisses où la levée des dixmes ne suffirait pas pour fournir une subsistance honnête et aisée.

ART. 8

*Réforme à faire dans la gabelle ; la vente et consommation du sel devront être libres.*

On ne connait point, à Saint-Phal, le faux saunage ; on est trop éloigné des endroits où se fait cette contrebande. On n'est pas moins obligé de prendre du sel à raison *d'un minot* par 14 personnes C'est un procédé dur, pour ne pas dire injuste, de forcer des particuliers qui, souvent, n'ont pas de pain pour eux et leur famille, à prendre à la fois une

---

(1) A Saint-Phal, le décimateur est le prieur du lieu, et la dîme s'élève, en 1787, à 1,290 livres. Le curé est ecclésiastique privilégié, mais réduit à la portion congrue (500 livres). Le prieur est, depuis 1772, Morissot de Céris, clerc tonsuré du diocèse de Paris ; il y habite, rue de l'Arbre-Sec, paroisse de Saint-Germain-l'Auxerrois. Son fermier, à Saint-Phal, est Jean Lucas, qui a passé avec lui un bail pour la dîme et l'exploitation des propriétés, maisons, terres et prés. Jean Lucas percevait les dîmes « tant en vins que grains, agneaux et chanvre de Saint-Phal, le Pont-au-Verrier, le Bois-Guerry, le Perchois, Jeugny, Mâchy, Fays, Crésantigne, Forêt-Chenu, Chansicourt, Boue et Chamoy ». D'après Courtalon *(Topo-*

grande quantité de sel, tandis qu'il y a des bureaux de regrats établis pour procurer au pauvre une distribution partielle et proportionnée à ses facultés. Il serait donc juste et nécessaire de laisser libre la vente et la consommation du sel (1).

ART. 9

*Les bénéficiers de l'ordre de Malte devraient être assujettis aux impositions royales, aux contributions des corvées, ainsi que les villes de commerce, à la décharge des campagnes.*

La paroisse de Saint-Phal compte, parmi les gros propriétaires de son finage, des bénéficiers de l'ordre de Malte (2), qui tirent de leurs biens un gros produit qui ne contribue à aucune charge ; il serait juste de les assujettir aux vingtièmes, aux droits et contributions des corvées à la décharge des habitants, puisque leur revenu ne peut leur être payé qu'en exportant leur bled à Troyes ou dans les pays voisins, et leurs bois et charbons sur les ports, ce qui écrase les chemins.

Il serait aussi également juste que les villes de commerce contribuassent sans distinction, encore plus que les campagnes, à l'imposition de la corvée, à la décharge des campagnes, puisque les denrées de toute nature qu'on mène dans les villes sont ou pour leur consommation ou pour le commerce sur lequel ils font de gros bénéfices.

ART. 10

*Abus à réformer dans le tirage de la milice qui arrache aux campagnes beaucoup de cultivateurs.*

Le tirage de la milice emporte dans les tems de guerre les enfans des meilleurs cultivateurs. Les miliciens que fournissent les villes par la voye du sort sont souvent des étrangers et gens sans aveu qui s'évadent dans l'année et emportent la petite contribution que leur produit la générosité des jeunes gens qui tirent à la milice. Il résulte de là que les remplace-

---

*graphie historique du diocèse de Troyes)*, le prieur était « décimateur au vingt-et-unième compte », c'est-à-dire qu'il prélevait, à la récolte, la 21e gerbe (V. page 61). Le prieuré était ce qui restait, croit-on, d'une ancienne abbaye de Saint-Denis. Le prieur Morissot vint une fois le visiter ; il y laissa un capucin qui faisait l'office de prêtre et tenait l'école (*Tableau statist.* de Degois, Arch. dép.). L'état de 1787, analysé plus haut, ne fait mention ni du capucin, ni de l'école.

(1) Le cahier de doléances d'Auxon demande qu'on établisse des magasins à sel à 6 sous la livre, et que les commerçants ne puissent le vendre que 8 sous dans tout le royaume. « Dans les pays de grande gabelle (Champagne), le sel coûte 13 sous la livre, quatre fois autant, et, si l'on tient compte de la valeur de l'argent, huit fois autant qu'aujourd'hui. » (Taine, *Ancien Régime*, p. 468.) Le *minot* de sel était de 100 livres pesant (de 500 gr. environ chacune), d'après le *Dictionnaire de Trévoux*.

(2) En 1787, les biens fonds privilégiés non compris au rôle des vingtièmes ou non imposés à la taille, sont ceux de l'ordre de Malte, du prieur de Saint-Phal, des Ursulines, de l'Hôpital de Troyes, du chapitre Saint-Étienne, des fabriques de Javernant, Chamoy et Saint-Phal, de l'abbesse de Notre-Dame-aux-Nonnains de Troyes, des religieux de Montier-la-Celle.

ments des miliciens sont plus nombreux et tombent toujours sur la campagne. En tems de paix, c'est un mal léger; mais, en tems de guerre, les miliciens sont obligés de rejoindre l'armée ; leur absence ôte des bras pour la culture de la terre et expose les laboureurs de payer des bras étrangers pour les servir.

Art. 11

*Il faut concentrer dans les villes les manufactures, qui ruinent les villages en enlevant beaucoup de bras à l'agriculture.*

Les différentes manufactures qui s'élèvent dans les campagnes, ainsi que les filatures de laine et coton, ont énervé l'agriculteur, rendu les enfants paresseux à l'ouvrage des champs. Les jeunes gens, ainsi accoutumés à travailler à l'ombre dans des chambres, ne les quittent plus l'été, au moment le plus nécessaire pour les récoltes, ce qui augmente beaucoup le prix des journaliers et domestiques qu'il faut employer (1).

Il faut donc concentrer dans les villes les filatures et les manufactures qui ruinent les villages.

Art. 12

*Résumé général.*

Les habitants de la campagne sont peu en état de proposer au gouvernement des moyens d'amélioration et de ressource dans la position actuelle des affaires du royaume ; cependant, ce que les habitants de Saint-Fal vont proposer d'après leurs faibles lumières, ils le soumettent aux réflexions de l'assemblée du bailliage de Troyes. Ils se regarderont comme très heureux, si on peut leur sçavoir gré de leur bonne volonté et de la pureté de leurs intentions.

Ils regardent la taille, la capitation, les vingtièmes et les droits d'aydes comme des impositions qu'on peut supprimer et remplacer comme ils vont le proposer. La taille porte sur les propriétés et le commerce de la campagne ; la propriété doit être imposée, mais le commerce d'exploitation et le commerce de la denrée est lié intimement l'un à l'autre, et l'impôt sur cette partie augmente la denrée de première nécessité, puisque le bled et le vin font la presque totalité du commerce des gens de la campagne.

La capitation est un impôt qui, par son titre seul, est odieux, puisqu'il fait payer l'impôt de son existence que l'on ne tient que de Dieu.

Les vingtièmes sont une augmentation de charges sur la propriété, dont la répartition, ainsi que celle de la taille, occasionne doubles frais d'imposition et de recette.

Le droit d'aydes, comme on l'a dit ci-dessus à l'article quatrième, est odieux par les vexations et exactions qui sont inséparables de sa perception ; elle entraîne une foule de commis qui emportent en appointe-

(1) Craintes peu justifiées, semble-t-il, à une époque où les familles étaient nombreuses. D'ailleurs, tout près de Saint-Phal, à Saint-Jean-de-Bonneval, on ne les éprouve pas ; on lit, dans l'état de la communauté de Saint-Jean dressé en 1787 : « La filature est inconnue dans toute la paroisse, et l'établissement en serait bien à désirer pour prévenir le désœuvrement des enfants dont la très grande partie est sans occupation jusqu'à l'âge de douze ans et plus. » De nos jours, l'école les réclamerait.

mens, en gratifications, presque la moitié des droits, sans compter les amendes, confiscations et autres ressources inconnues du produit.

Que les États généraux examinent ce qui rentre dans les coffres du roi pour ces quatre impôts, taille, capitation, vingtièmes et droits d'aydes ; que l'on offre au roi le montant de ce produit net par généralité ; que les États provinciaux se chargent de faire remettre leur cotte part chaque année par quartier dans les coffres du roi ; le produit sera le même pour l'État, et les peuples gagneront en décharge le tiers de ce qu'ils payent.

La répartition de la somme qui remplacerait ces quatre impôts peut se porter sur les propriétaires de fonds et sur le commerce, parce que le commerce se fait de deux manières, par la vente et revente des productions de la terre et par les manufactures.

Le produit de la terre a une connexité parfaite avec l'industrie du commerce, puisque le commerce ne peut se faire qu'avec les productions.

Ainsi le propriétaire payerait son imposition à proportion de sa propriété ; s'il loue ses biens, son fermier ne payerait rien, mais celui qui achète la denrée pour revendre, celui qui l'achèterait pour faire fabriquer, celui qui la fabriquerait, celui qui la vendrait toute fabriquée, payeraient entre eux tous la moitié de l'imposition ; on ne verrait plus d'entraves au commerce, à la propriété ; les commerçans s'imposeraient entre eux et régleraient annuellement la répartition. Celle des héritages serait faite d'après une évaluation de chaque propriété classée par le cadastre, évaluation qui durerait vingt ans. Alors le propriétaire ne serait pas puni, en quelque façon, par une augmentation d'impôt lorsqu'il améliore son champ ; et celui qui, par négligence et défaut de soin, ne ferait pas valoir le sien, se trouverait puni parce qu'il payerait dans la proportion du produit qu'il doit tirer de son héritage, ce qui serait un motif d'émulation pour lui.

Ces réflexions combinées pourront peut-être donner quelques idées ; si elles sont susceptibles d'inconvénients, on espère au moins qu'elles prouveront le désir des habitants de Saint-Fal pour le bien et soulagement général.

Le Clergé et la Noblesse ne pourront pas se révolter contre cette proposition. L'anéantissement des impôts qu'ils payent ou leurs fermiers, leur conservent une portion des privilèges qu'ils ne devraient pas avoir, puisqu'ils sont sujets libres du roi comme le Tiers État.

Le Clergé objectera peut être qu'il a racheté la capitation : on peut lui répondre avec fondement que lors de la création de cet impôt, ceux qui l'ont racheté ne l'ont fait que pour eux-mêmes; plusieurs nobles, magistrats et autres l'ont également racheté ; ce rachat n'était qu'à la vie, et leurs enfans le payent aujourd'hui.

Le Clergé prétend que ses dons gratuits ont acquitté ses vingtièmes, et que si on lui ôte ses privilèges, il faut payer ses dettes : ce raisonnement n'a pas plus de fondement que celui du rachat de la capitation.

Lors de l'imposition du dixième, sous Louis XIV, ils devaient être imposés comme tous les propriétaires laïcs de biens fonds ; ils ont payé des sommes légères pour se décharger des vingtièmes ; ils n'ont pas acquitté les dixièmes par ces sommes légères ; si au lieu d'emprunter ils eussent payé comme ils auraient dû le faire, ils ne devraient rien aujourd'hui.

Si les laïcs eussent fait comme eux des abonnements et emprunté pour les payer, ils devraient de très grosses sommes. Les laïcs sont pères de famille, deffenseurs de l'État en tems de guerre, et payent beaucoup trop en comparaison du Clergé qui ne paye presque rien, qui n'a point d'embarras de famille, et qui vit tranquillement, en profitant par ses dixmes du produit des sueurs du laboureur et de la peine des curés congruistes ; ainsi il est à présumer que leurs réclamations seront vaines si on prend le parti proposé ; et même comme ministres de la religion, faite pour donner l'exemple, les habitants de Saint-Fal pensent que le Clergé sera le premier à offrir l'extinction de ses privilèges pour contribuer avec les laïcs aux secours nécessaires à l'État, avec d'autant plus de raison qu'il prêche sans cesse ou doit prêcher le mépris des richesses, l'égalité entre les hommes qui sont tous frères, citoyens et sujets du même roi.

*Suivent soixante-cinq signatures.*

Le cahier a été reproduit presque textuellement par les plus importants villages de la même châtellenie, notamment par Chamoy et par Jeugny ; et les choses se sont passées ainsi le plus souvent dans chaque châtellenie ou division du bailliage de Troyes. Ces cahiers, où l'on s'élève à des idées générales, à des vues qui intéressent tout le royaume, ont été rédigés par des hommes instruits, par des bourgeois, puis ont été lus aux paysans assemblés, qui les ont approuvés et signés. Parfois, les paysans ont été amenés par les circonstances à exposer directement leurs doléances : ainsi firent les habitants du petit village de Fays, de la paroisse de Saint-Phal. Et voici leur cahier :

## CAHIER DES DOLÉANCES DE LA MUNICIPALITÉ DE FAYS PAROISSE DE SAINT-PHAL

Les habitants de Fays, comme n'ayant reçu les ordres et assignations des États généraux que le seize [mars 1789], ne pensent pas être instruits et avoir le temps de satisfaire à toute chose et d'y répondre, sont obligés de faire leurs plaintes de doléances en abrégé.

### Art. 1er

Ladite communauté ne possède sur leur dit finage que trente arpents ou environ, y compris leurs petits vergers ou accins, avec l'emplacement de leurs pauvres maisons qui sont comme des chaumières ; encore la plupart doivent rente, censive et avoine à Madame abbesse religieuse du couvent de Notre-Dame-aux-Nonnains de Troyes, dame et seigneur dudit lieu. Lesdites maisons, toutes couvertes en paille, sujet à l'incendie. Le restant du territoire, qui contient environ cent vingt arpents, appartenant à madite dame abbesse, seigneur dudit lieu, qui n'est que environ moitié sur ledit finage, et l'autre partie sur Saint-Phal, que nous en sommes sous-fermiers et que nous en payons de grands impôts, ce qui nous empêche d'entretenir nos pauvres chaumières.

ART. 2

Pour quant à nos tailles et autres impositions, il n'y a pas d'autre communauté dans tous les environs qui soit plus surchargée que la nôtre.

Outre cela, comme le finage est si petit, nous ne pouvons pas loyer un arpent de terre que on nous impose à tailles de Saint-Phal, et comme nous y sommes aussi aux rôles des vingtièmes.

ART. 3

Et nombre de commissions qu'il nous y vient à payer dans toute l'année, avec les logements des cavaliers de maréchaussée, que nous y payons aussi pareillement. Enfin nous demandons, par cet abrégé, suppression des commis, diminution du sel comme étant à trop haut prix, abolicment de droit de lods et ventes pour les seigneurs, enfin suppression des gabelles, s'il est possible.

ART. 4

Dans ce dernier article, les habitants de Fays exposent qu'ils sont obligés de soutenir deux procès pour conserver leurs droits, comme usagers d'une petite portion de bois, procès pendant depuis longtemps l'un au Conseil du Roi, l'autre au Parlement de Paris, et dont les frais causent « la ruine tant du bien que le travail de nos pauvres habitants ; étant obligés de vendre le plus souvent la coupe pour nous aider à payer, satisfaire à tout impôt, et récemment, en la présente année, pourquoi ils se plaignent et soutiennent avec vérité être plus chargés d'impôts que les paroisses voisines. Ils se jettent enfin aux pieds de Sa Majesté pour obtenir les droits de la justice de ces deux procès qui sont la cause et ruine de ses pauvres habitants ».

ART. 5

Enfin lesdits habitants de Fays, à cause de leurs faibles lumières, s'en rapportent du restant aux plaintes des doléances de Saint-Phal, comme étant leur paroisse, et se soumettent aux réflexions de l'assemblée du bailliage de Troyes, leur capitale.

*Suivent 21 signatures* (1).

---

(1) La petite commune de Fays a un territoire de 58 hectares 20 ares, ou 138 arpents. En 1787, Fays comptait 72 feux ou 254 habitants. Un état des biens ecclésiastiques, dressé en 1787 (Arch. dép., C. 1386), attribue 87 arpents de terres et prés à l'abbesse de Notre-Dame-aux-Nonnains, et 17 arpents au chapitre de Saint-Étienne, total 104 arp. ; restait pour les paysans 34 arpents. Nous avons été surpris de trouver aux Arch. dép. un état de 1769 (série C. 1386) attribuant au finage de Fays 278 arp., chiffre qui comprend peut-être les terres possédées ou louées au dehors (sur Saint-Phal ?) ; remarquons qu'il dépasse de beaucoup et le chiffre approximatif donné par le cahier, 120 arp. (ou plutôt 120 + 30, soit 150 arp.) et le chiffre actuel de 138 arp.

## II. La vie municipale à Saint-Phal, de 1787 à 1795.

Depuis le Moyen-âge, les seigneurs continuaient, presque partout, à administrer, par leurs intendants particuliers, les villages de leur fief. Au dix-septième siècle, le gouvernement local passa aux mains des intendants du roi ou de leurs agents. « Le cadre de la vie paysanne, dit M. Lavisse, était le village, ou plutôt la paroisse. La communauté villageoise avait pour fonction principale l'entretien de l'église, de l'école et des pauvres, et la gestion des biens communaux. L'Etat faisait nommer par elle les collecteurs des tailles dans les pays d'élections (comme la Champagne). La communauté se réunissait en assemblée générale pour discuter ses affaires, mais elle n'était pas — au moins dans la plus grande partie de la France — représentée par un conseil ni par des officiers. Elle nommait un syndic comptable devant elle, mais qui n'avait pas pouvoir de magistrat (1). » Les seigneuries furent dépouillées des attributs de la puissance publique, sauf de la justice, que leur laissa Louis XIV. Le seigneur haut-justicier avait un juge appelé bailli ou lieutenant, un procureur fiscal (ou plusieurs), qui comparaissait en jugement pour les parties et soutenait leurs intérêts (2), un greffier, un ou plusieurs huissiers à pied et à cheval, une prison et, dressées devant le château, des fourches patibulaires. Le seigneur tirait de sa justice un grand nombre de profits : l'exercice des droits féodaux donnait lieu à de nombreux procès qui se plaidaient devant les juges du maître. Le seigneur de Saint-Phal avait la haute, la moyenne et la basse justice ; mais dans les cas graves, les condamnations devaient être confirmées par les juges royaux (3).

---

(1) V. *Histoire de France*, tome VII, p. 333. Le prêtre faisait les fonctions d'officier d'état-civil.

(2) Le procureur fiscal jouait le rôle de nos avoués dans les instances civiles. (V. Chéruel, *Dict. des Institutions de la France*.)

(3) Le château de Saint-Phal fut construit par Anne de Vauldrey, bailli de Troyes, vers 1555 ; la seigneurie de Saint-Phal fut érigée en marquisat au profit d'un de ses descendants, Anne-Louis de Vauldrey, par lettres patentes de Louis XIII (juin 1618). Le dernier des Vauldrey dut laisser vendre son château et ses terres, à la requête de ses créanciers, en 1673. Le marquisat de Saint-Phal passa en plusieurs mains ; en 1765, il devint la propriété de Anne-Thérèse de Félix Du Muy, comtesse de Ribière, qui l'apporta en mariage, en 1770, à Charles-Marie de Créquy. Enfin la marquise de Créquy, devenue veuve, le vendit à Jacques Corps, en 1785. Ce dernier était seigneur de Saint-Phal en 1789. (Voy. Corrard de Breban, *L'ancien château de Saint-Phal, Annuaire de l'Aube*, 1857, p. 93.)

Un ministre de Louis XVI, Turgot, aurait voulu instituer des assemblées électives, dites « municipalités », dans les provinces et les paroisses. En véritable homme d'Etat, il avait conçu, en même temps, un système « d'éducation civique » qui aurait fait des sujets du roi des hommes capables de comprendre et de gérer des intérêts collectifs ou généraux.

Louis XVI ne sut pas conserver un ministre qui eût sauvé la monarchie en la transformant. Mais les institutions évoluent, malgré les hommes qui prétendent les fixer. Six ans après la mort de Turgot, un règlement de « Sa Majesté Louis XVI », du 23 juin 1787, ordonnait enfin la formation des assemblées municipales dans toute la France.

A Saint-Phal, le 26 août 1787, « les syndics propriétaires, habitants et bientenants de la paroisse » se réunirent au nombre de quinze, et désignèrent six d'entre eux qui, avec le seigneur Corps et le curé Le Roy, devaient former le conseil municipal. Plusieurs membres de l'assemblée ne sachant pas écrire, l'élection s'était faite à haute voix. Les six élus étaient : Louis Auger (53 ans), Jean-Baptiste Lucas (54 ans), Louis Guiard (52 ans (1), Edme Patris (50 ans), Louis François (58 ans), et Jean-François Drouot (48 ans). L'assemblée avait choisi pour syndic Jean Lucas, âgé de 63 ans ; c'était le propriétaire le plus imposé. Il payait, sur la paroisse, 70 livres pour les vingtièmes, et 397 livres 13 sols pour la taille et les accessoires. Louis Auger payait 41 l. pour les vingtièmes et 118 l. 4 sols pour la taille.

La vie municipale commençait, pour la communauté de Saint-Phal ; les manifestations en furent transcrites fidèlement sur un registre (2) qui ne présente aucune lacune (cent soixante-deux feuillets) pour la période qui comprend les préliminaires et les années les plus intéressantes de l'histoire de la Révolution (de 1789 à 1795). Cette période de vie municipale est partagée en deux parties d'importance très inégale, par l'application du décret qui institua les départements et réorganisa l'administration du royaume, au début de l'année 1790.

Dans les années qui précèdent ce décret de la Constituante, la vie communale se réduit à peu de chose : l'assemblée de propriétaires élue le 26 août 1787 tient une réunion chaque

---

(1) Louis Guiard, seul, ne savait pas signer son nom.

(2) Nous avons confronté ce registre avec les registres d'ordre du département de l'Aube et du district d'Ervy, de la même époque, conservés aux Archives départementales, ainsi qu'avec la correspondance de l'agent national du district d'Ervy (*Ibid.*).

dimanche, et se sépare le plus souvent sans avoir rien fait. Les procès-verbaux en témoignent ; beaucoup sont rédigés comme celui du 24 août 1788 : « Le dimanche 24 août, l'assemblée municipale s'est réunie et séparée n'ayant reçu aucun ordre duquel elle eût à s'occuper, et n'ayant aucun autre objet à traiter. » En septembre 1788, l'assemblée se réunit deux fois, pour nommer trois « adjoints » qui aideront la municipalité à répartir la taille, et pour désigner les collecteurs qui devront la percevoir. On ne fait rien jusqu'en septembre 1789. Le 20 de ce mois, le curé Le Roy somme le maire de faire réparer le presbytère ; à cet effet, les maires des communes de la paroisse se réunissent le dimanche suivant; celui de Crésantignes fait défaut (1). Puis on ne trouve plus sur le registre municipal que des transcriptions de décrets de l'Assemblée nationale, jusqu'à la fin de 1789. Nulle trace de la réunion des habitants, convoqués au milieu de mars (le dimanche 15 mars ?), pour entendre la lecture du Cahier de doléances et choisir leurs délégués à l'assemblée du bailliage ; nul écho des grandes journées de l'année 1789 : la réunion des Etats généraux (5 mai), leur transformation en Assemblée nationale constituante, malgré la Cour (20-23-27 juin), la prise de la Bastille (14 juillet), l'abolition des droits féodaux (4 août). L'assemblée municipale de Saint-Phal manque d'initiative : elle attend, pour délibérer, les lettres de l'intendant de Champagne, Rouillé, dont la dernière lui sera communiquée en février 1790.

La nouvelle organisation administrative de la France, divisée en départements, fera appel à l'initiative des citoyens ; en décentralisant elle donnera une vive impulsion à la vie locale, surtout quand il faudra lutter contre les ennemis de la France révolutionnaire. La besogne deviendra compliquée, absorbante : le 17 germinal an II, l'assemblée municipale délibérera sur quatre objets différents.

Saint-Phal conserve toute son importance : cet ancien chef-lieu de châtellenie (division judiciaire, comprenant avec Saint-Phal, le Bois-Guerchy ou Guerry, le Perchois, Crésantignes et Fays) devient chef-lieu de canton, le 15 janvier 1790 ; il le restera jusqu'à la loi du 28 pluviôse an VIII (1800). Avec Saint-Phal, le canton comprenait les communes de Chamoy, Crésan-

(1) D'après le registre municipal, de la paroisse de Saint-Phal dépendaient les hameaux de Mâchy, Jeugny, Fays et Crésantignes, qui devaient contribuer ensemble, avec Saint-Phal, à l'entretien du presbytère. Chamoy, qui en faisait partie, avait un presbytère pour le desservant.

Le canton de Saint-Phal, 1790-1800.

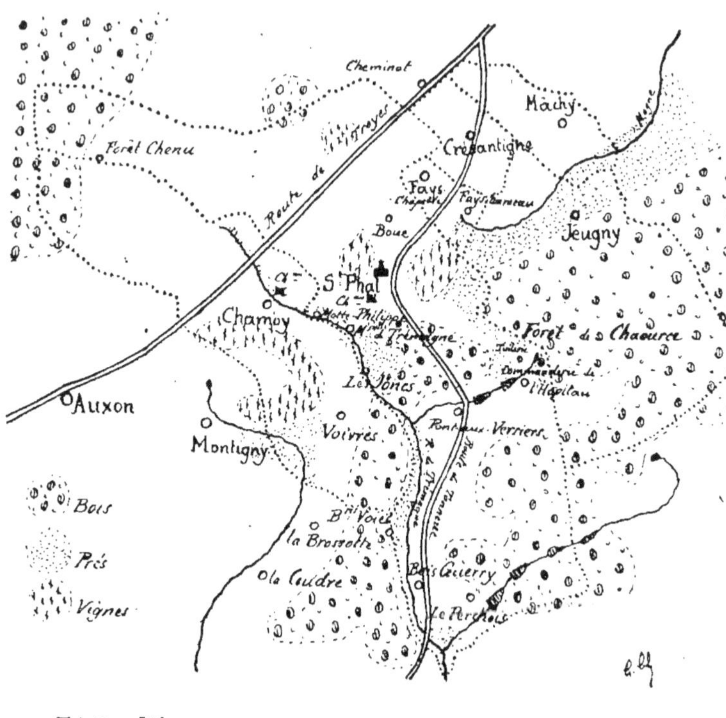


D'après la carte de Cassini (XVIII^e siècle)

On a ajouté les limites actuelles des Communes

tignes, Fays, Mâchy, Jeugny. Le canton de Saint-Phal faisait partie du district d'Ervy.

## Organisation de la Municipalité

Le 31 janvier 1790, eut lieu l'élection de la nouvelle municipalité, selon le décret de la Constituante du 6 janvier 1790. La commune de Saint-Phal, ayant alors plus de 500 habitants (ou 781), avait droit à six officiers municipaux, assistés de douze notables. Les élections se firent au scrutin de liste. Les six officiers municipaux furent Nicolas Vivien, notaire; Pierre Crespinet, chirurgien; Edme Patris, Georges Laurent et Jean-François Drouot, cultivateurs; enfin Jean-Baptiste Brun, marchand. Le maire fut Jean-Baptiste Lucas, laboureur, et ses deux échevins, Jean Gorneau, boulanger, et Louis Laloue, marchand tisserand; ensuite furent élus les douze notables; enfin, le procureur syndic, Jean-Marie Pommier, meunier de la Motte; ce dernier devait défendre les intérêts et poursuivre les affaires de la communauté.

Le maire, J.-B. Lucas, offrit sa démission, déclarant qu'il lui était impossible « de remplir selon ses désirs la charge pour laquelle il avait été choisi ». L'assemblée des citoyens actifs, « convoquée au son de la cloche, publiée au prône de la messe paroissiale et annoncée à l'issue d'icelle, tenue en la chapelle de Saint-Denis, — édifice situé au nord de l'église de Saint-Phal, et dépendant du prieuré de Saint-Denis, — heure d'une après-midi », élut un nouveau maire, Nicolas Vivien. Le 25 mars 1790, l'assemblée municipale prit pour greffier Pierre-Nicolas Legouest, citoyen de Saint-Phal. Quelques jours après, le 28 mars, la municipalité, assemblée à l'issue de la messe paroissiale en l'église dudit lieu, servant d'hôtel de ville, a prêté, en présence de la commune, le serment civique, en la forme spécifiée par l'art. 48 du décret de l'Assemblée nationale du mois de décembre 1789.

Les officiers municipaux et les notables étaient élus pour deux ans, et renouvelables par moitié chaque année; le maire, élu pour deux ans, pouvait être réélu pour deux années suivantes ; de même, le procureur syndic. A chaque élection, les citoyens actifs désignaient un président, assisté d'un secrétaire, et trois scrutateurs, pour dépouiller le scrutin, et aussi « pour écrire les billets des habitants qui ne savent pas écrire ».

Le premier renouvellement partiel du corps municipal a lieu le 20 novembre 1791 : un nouveau maire est élu, Edme Menneret, par 32 suffrages sur 57 citoyens actifs, et un nouveau procureur syndic, Jean Denisot, cordonnier. Ce dernier est nommé officier public par le conseil de la commune, le 23 octobre 1792.

La Convention décrète, le 19 octobre 1792, la nomination de nouvelles municipalités. L'assemblée primaire des citoyens actifs, annoncée huit jours à l'avance, a lieu à l'église, le 9 décembre. Le curé assermenté, Robin, est nommé président de l'assemblée, comme il l'avait été déjà le 20 novembre 1791. Les scrutateurs désignés prêtent le serment « d'observer le secret sur les billets qu'ils seront chargés d'écrire ». Jean Gorneau est élu maire par 37 voix sur 57 votants, et il le restera jusqu'à la fin de la Convention. On nomme au scrutin de liste cinq officiers municipaux : Pierre Crespinet, chirurgien du lieu, Louis-François Finot, laboureur, J.-B. Piolley, menuisier, et deux manouvriers, J. Bazin et Léger Finot ; enfin sont élus les douze notables. En tête de la liste est le curé Robin, qui a prêté serment à la Constitution ; il ne manquera que rarement les séances. Le nouveau procureur syndic est le laboureur Gueux ; il le restera et sera, le septidi de la deuxième décade de l'an II (8 oct. 1793), « proclamé agent national par l'assemblée des citoyens », un décret du 14 frimaire an II ayant créé les agents nationaux de district et de commune pour correspondre avec le pouvoir central et veiller à l'exécution des lois. Le conseil, réuni le 12 décembre, nomme officier public le curé Robin, et il conserve le même greffier Legouest. Ce dernier donnera sa démission le 4 floréal an II (23 avr. 1794), et sera remplacé par Nicolas-Etienne Honnet, huissier à Saint-Phal, qui recevra une indemnité de 150 livres par an.

L'assemblée municipale se réunit tantôt à l'église, tantôt dans une salle de la chapelle Saint-Denis, qui porte un clocher, tantôt chez un particulier. Depuis le mois d'avril 1790, elle se réunit d'autres jours que le dimanche ; mais on continue de s'assembler au son de la cloche, et dans la chapelle Saint-Denis. Le 4 germinal an II (24 mars 1794), il a été convenu que les séances se tiendraient tous les dimanches au presbytère de la commune, à 2 heures après-midi.

Il est intéressant de relever les changements de la formule qui commence ou qui finit les procès-verbaux des travaux de l'assemblée municipale. Le 23 juillet 1792, la date de la séance est suivie des mots : « l'an quatrième de la liberté. », et le 11 septembre de la même année, le procès-verbal de la délibération finit par ces mots : « l'an quatrième de la liberté et le premier de l'égalité ». Un peu plus loin, on lit : « 15 octobre an Ier », au lieu de 1792. Une nouvelle formule apparaît, un an plus tard : « le 15 novembre vieux style 1793, deuxième de la République française, une, indivisible et impérissable » ; et la délibération suivante se termine par ces mots : « premier jour de la première décade de frimaire (21 nov. 1793) ». Dès lors, on applique le calendrier républicain, voté le 6 octobre 1793. Dans la délibération datée du 16 thermidor an II (3 août 1794), une semaine après la mort de Robespierre, « Saint-Phal » devient « *Phal* » : « Nous, maire, officiers municipaux de la commune de Phal... » ; et il en sera ainsi jusqu'au 3 frimaire an III (23 nov. 1794).

La municipalité communale de Saint-Phal disparut en 1795, avec la mise en vigueur de la Constitution de l'an III. Sur l'ordre « des citoyens administrateurs du département », le 20 fructidor an III (6 sept. 1795), la municipalité convoque les citoyens en assemblée primaire, pour leur communiquer la Constitution nouvelle, dite de l'an III. Les citoyens ne se présentent qu'en nombre insuffisant, et il faut les convoquer de nouveau. Enfin, le 22 fructidor an III (8 sept.), la nouvelle Constitution est acceptée par l'assemblée primaire, et le 27 fructidor (13 sept.) les citoyens désignent les électeurs pour le nouveau Corps législatif. Au début de l'an IV, une municipalité cantonale prit la place de l'ancienne ; elle devait durer jusqu'à la Constitution de l'an VIII (1800).

## La Vie Municipale

*Justice et Police.* — Saint-Phal, chef-lieu de canton, reçut une Justice de paix. La Constitution de 1791 faisait élire les juges par les citoyens. Le premier juge de paix élu à Saint-Phal fut Louis Auger. La Révolution conserva d'abord, dans les fonctions publiques, beaucoup d'hommes de l'ancien régime, surtout dans les campagnes, où l'instruction était peu répandue. Propriétaire-cultivateur, Louis Auger était de plus notaire et lieutenant de justice du seigneur de Saint-Phal en 1789. En 1781, Louis Auger, père de dix enfants, cinq garçons et cinq filles, vivant dans sa maison et à sa charge, adressait une demande à l'Intendant de la Généralité de Champagne, afin de pouvoir jouir des privilèges et exemptions attribués aux pères de famille ayant dix enfants ou plus. Élu juge de paix par ses concitoyens au temps de la Constituante, il fut réélu le 3 décembre 1792 ; le 12 novembre, il prêta serment de fidélité à la loi, devant la nouvelle municipalité. — Les juges de paix étaient élus pour deux ans et non rééligibles. Le 28 avril 1793, l'assemblée primaire du canton nomma juge de paix Jean-Antoine Truchy ; elle lui donna pour assesseurs Edme Menneret, Jean Gauthier et Pierre Haillot, et pour greffier Jean Denisot ; tous se présentèrent devant l'assemblée municipale, le 9 mai 1793, pour prêter le serment civique.

La Convention nationale avait décrété, le 2 juin 1793, que les gens suspects d'aristocratie et d'incivisme seraient recherchés et mis en arrestation ; le Conseil général du département communiqua ce décret à la municipalité de Saint-Phal. Le Conseil de la commune se réunit le 21 juin, pour en délibérer. Les citoyens présents, au nombre de huit, dont le curé Robin, « formant la plus saine partie du conseil général, et après avoir fait par eux le plus scrupuleux examen sur les personnes suspectes d'aristocratie résidant dans ladite commune », déclarent qu'ils n'en ont reconnu aucune et signent la délibération, à l'exception du curé Robin « qui a refusé de signer ». Mais la séance continue :

Et à l'instant s'est présenté le citoyen Jean-Antoine Truchy, juge de paix du canton de Saint-Phal, y demeurant, lequel a présentement déclaré que le citoyen Louis Auger, ci-devant juge de paix, doit être regardé comme très suspect, non seulement parce qu'il est intime ami et agent d'affaires du ci-devant seigneur de Saint-Phal, qui a deux fils et un gendre émigrés, mais encore que, depuis l'organisation civile du clergé, il a vu chez lui fréquemment des prêtres réfractaires, tels que le ci-devant curé de Saint-Phal, celui de Maraie, celui de Javernant, celui de la Loge-Pomblain et autres ; qu'il les a entendus tenir depuis le commencement de la Révolution et tant qu'il a été son greffier des discours très incendiaires et tendant à induire en erreur ceux devant qui ils les tenaient ; que entre autres choses, du temps de l'Assemblée constituante, parlant de la Révolution, il disait que nous serions pire qu'auparavant ; qu'en lisant les décrets qui abolissent la noblesse et les droits honorifiques, qu'il en fait avec son épouse une raillerie et disait que les députés étaient dans le délire ; qu'il lui a entendu dire dans d'autres moments parlant des députés de l'Assemblée nationale, que tant qu'on ne brûlerait pas la cervelle à ces b...-là, ils ne nous laisseraient pas tranquilles, que le roi était une f... bête, que s'il était à sa place, il les ferait bien f... le camp ; que du temps de la seconde législature, en parlant des travaux de l'Assemblée nationale, il disait à quelqu'un en se raillant et murmurant, qu'un ouvrage mal commencé ne pouvait jamais bien aller ; qu'un jour parlant de la Constitution civile du clergé au ci-devant curé des Loges, réfractaire, en blâmant l'Assemblée nationale, que si tous les prêtres étaient honnêtes, il n'y en aurait pas un qui prêterait le serment, et qu'au moyen de ça, la nation ne pourrait pas réussir ; que d'autres fois parlant de la ci-devant noblesse, il paraissait la regretter en disant que les ci-devant seigneurs faisaient gagner la vie à beaucoup de monde par la quantité de travaux qu'ils faisaient faire, ce qui n'était plus alors ; et qu'enfin d'autrefois parlant des lois nouvelles, il disait qu'il ne croyait pas et regardait tout cela comme un badinage; que la conduite qu'il a toujours tenue et sa famille doit être connue, non seulement d'une grande partie des citoyens de Saint-Phal, mais encore de ceux des différentes communes dépendant du même canton ; que lui Truchy a tout lieu d'être surpris que le Conseil général de Saint-Phal lui ait délivré un certificat de civisme. *Signé* : TRUCHY.

Et après que le citoyen Jean-Antoine Truchy a déclaré en disant : Citoyens, vous jasiez beaucoup il y a un instant, et à présent vous ne dites rien, et surtout vous, citoyen Haillot.

Et à l'instant s'est présenté le citoyen Jean Denisot, administrateur du district d'Ervy et greffier du juge de paix du canton de Saint-Phal, qui a déclaré que, le quatorze juillet dernier, il a entendu les deux fils du citoyen Louis Auger, propriétaire demeurant à Saint-Phal, nommés l'un Nicolas et l'autre Benjamin, qui en méprisant l'Assemblée nationale et ses décrets, en méprisant la cérémonie qui venait de se faire en plantant l'arbre de la Liberté, et en disant qu'ils étaient aristocrates et qu'ils s'en f... et qu'ils ne craignaient personne. *Signé* : DENISOT.

Et enfin est comparu le citoyen Pierre Haillot, demeurant à Saint-Phal, qui a déclaré que le citoyen Louis Auger, causant avec lui, a dit que tous les représentants du peuple qu'ils étaient tous gueux et tous voleurs, disant qu'ils étaient venus à l'Assemblée avec rien et avaient ramassé des millions et acheté des châteaux, que immanquablement ils devaient faire banqueroute, et plusieurs fois m'a dit que tous les soldats qui allaient à l'armée allaient à la boucherie. *Signé* : HAILLOT.

Tenu pour suspect, Louis Auger continua de demeurer à Saint-Phal ; il ne fut pas arrêté (1), mais il lui fallut plusieurs fois se faire délivrer par la municipalité un certificat de résidence. Il en fut de même pour Nicolas Auger, ci-devant chanoine de la cathédrale de Troyes, et pour Louise Auger, ci-devant religieuse du ci-devant couvent de la Visitation. Ces deux dernières personnes étaient venues habiter chez leur parent Louis Auger (2).

Quelques mois plus tard fut institué, à Saint-Phal, un

(1) Le 29 juin suivant, il réclama contre ces accusations par une pétition adressée au directoire du département ; nous n'avons pu en trouver le texte aux Archives. Le premier certificat de résidence qui lui fut délivré, sur sa demande, alors qu'il était encore juge de paix, le 4 mars 1793, nous donne son signalement : « Taille de cinq pieds un pouce, cheveux châtains, yeux noirs, nez aquilin, bouche moyenne, menton pointu, front découvert, visage long et maigre. »

(2) De même, demandèrent à la municipalité un certificat de résidence, le citoyen Jean Lucas, ancien amodiateur des biens des prieurs de Saint-Phal, le 3 février 1793 ; et le citoyen Nicolas-Étienne Honnet, ancien archer-garde en la ci-devant connétablie, le 13 février 1793. Jean Lucas, qui avait cinq pieds six pouces, portait perruque ronde ; il avait les cheveux et les yeux gris, le visage rond et le nez court.

« Comité de surveillance » qui avait pour mission de surveiller les opérations des autorités constituées. Son existence est mentionnée, pour la première fois, dans une délibération du 21 frimaire an II (11 déc. 1793), où nous lisons que le président en était Jean Denisot.

Mais la loi du 27 mars 1791, relative aux nouveaux ordres judiciaires, est mise en vigueur. D'après l'article 1er, nul ne peut être juge de paix, ni même greffier, s'il occupe une fonction publique. Le 29 frimaire an II (19 déc. 1793), le Conseil général de la commune assemblé, « considérant que Truchy, juge de paix du canton de Saint-Phal, est secrétaire du Comité de surveillance ; que Jean Denisot, greffier de la justice de paix, est président dudit Comité et en même temps administrateur salarié du district d'Ervy ; que Pierre Haillot, assesseur du juge de paix, membre du Comité est en outre oncle de Rougeaux, aussi membre du Comité ; que Rougeaux est neveu de Haillot et cousin de Denisot ; que Edme Menneret est aussi assesseur du juge de paix et membre du Comité ; considérant que les particuliers ci-dessus désignés ne peuvent surveiller leurs propres opérations, le procureur de la commune, ouï le Conseil général, arrête » que Truchy et Denisot aient à opter pour l'une de leurs deux fonctions ; que Haillot et Menneret aient à se dessaisir des places qu'ils occupent, et ce dans le délai de vingt-quatre heures après communication dudit arrêté.

Que faisaient les membres du Comité de surveillance ? Le 3 ventôse an II (21 févr. 1794), Jacques Gravelle, membre dudit Comité, « fait rencontre du nommé Claude-Charles Petit, manouvrier demeurant à Chamoy, avec deux bourriquets de trois sacs, l'un où il y avait deux boisseaux et demi de pois blancs, un autre où il y avait un boisseau de pois rouges, et le troisième où il y avait environ quatre pintes d'orge, que nous avons déposé au greffe de la municipalité de Saint-Phal, sur le rapport dudit Gravelle », dit le maire Gorneau. Ce dernier, accompagné de Pierre Crépinet, officier de ladite commune, a mesuré les pois en présence de témoins et a interpellé ledit Petit. Petit a déclaré avoir mené à Fays « dix boisseaux d'orge chez le maire Jean-Baptiste Benoît, qui lui avait donné lesdits pois en échange pour lui planter », et ledit Petit a présenté un laisser-passer de la municipalité de Chamoy, qui lui a permis de s'écarter dans les pays circonvoisins pour se procurer du grain pour sa subsistance. On lui a accordé un laisser-passer pour continuer son chemin.

Le Comité de surveillance recevait les décrets de la Convention et surveillait toute la vie municipale (1). Il collaborait avec l'agent national.

Depuis quelque temps, l'ex-juge de paix Louis Auger avait changé d'attitude : il avait, semble-t-il, adhéré à la Révolution, car il avait demandé et obtenu de la municipalité un certificat de civisme le 16 octobre 1793. On a la preuve que ses concitoyens lui avaient redonné leur confiance : le 10 germinal an II (30 mars 1794), il était choisi, avec le curé Robin, pour distribuer des secours aux familles des défenseurs de la patrie. Il se conduit en bon citoyen : le 30 prairial an II (18 juin 1794), il refuse une indemnité pour un sac qu'il a fourni à la suite d'une réquisition, et ce sac avait été estimé de une à deux livres. Le 12 fructidor an II (29 août 1794), il est nommé commissaire pour faire brûler les herbes, les épines, afin d'en recueillir les cendres. Enfin, le 5 ventôse an III (23 févr. 1795), Louis Auger est nommé juge de paix par l'arrêté du représentant du peuple, Albert, envoyé en mission dans l'Aube et la Marne (mission relative aux autorités constituées) ; on lui adjoint, comme greffier, son ancien ennemi Jean Denisot. Le 10 ventôse suivant (28 févr.), Louis Auger et Jean Denisot se sont présentés devant la municipalité et « ont individuellement, en levant la main, juré de maintenir la Liberté, l'Egalité de la République française, et de mourir en la défendant, comme aussi de remplir avec zèle et impartialité les fonctions de leur office ».

A la police municipale se rattachent diverses affaires :

1° La garde des champs :

En avril 1792, on nomme deux gardes d'emblaves, prés et vignes, Louis Forgeot et J.-B. Dozière, qui acceptent la charge pour la somme de 400 livres ; le 10 germinal an II (30 mars 1794), la garde des champs est adjugée au rabais à Denis Vivien

---

(1) Ci-joint un rapport du Comité de surveillance, que nous avons tiré des Archives départementales :

Le Comité de surveillance de la commune de Saint-Phal, ce 10 prairial an II de la République une et indivisible.

Aux citoyens composant le directoire du district d'Ervy.

Citoyens,

Nous avons reçu trois décrets dans le paquet que vous nous avez adressé par le dernier courrier avec deux rapports que nous avons inscrits sur notre registre, et il s'est présenté à notre séance quatorze individus qui disent manquer de pain, qu'ils se sont inscrits sur notre registre par leur nom, qu'ils nous invitent de leur faire donner du blé, et nous invitons en notre particulier le Directoire de nous en faire passer, si faire se peut.

Nous ne pouvons pas satisfaire à leurs vœux, que vous ne nous donniez des ordres précis de faire une visite ; nous ignorons même s'il y en a.

Salut et fraternité. *Signé :* COUVREUR, président ; ROUGEOT, secrétaire.

et à son associé J.-B. Dozière pour 229 livres, « à la charge « pour ledit garde de payer les dégâts qui se trouveront faits « dans ladite commune où il n'y aura point de prise faite, — et « même à charge, poursuite et diligence de l'agent national de « cette commune, de faire toute poursuite nécessaire à ce « sujet... ». Enfin, le 9 germinal an III (30 mars 1795), l'assemblée municipale nomme garde-champêtre au rabais le citoyen Jacques Gravelle, meunier au moulin de Tresmagne, qui prend la charge pour 295 livres. Ces chiffres ne paraîtront pas trop élevés si l'on songe à l'étendue du finage de Saint-Phal;

2° La visite des fours et cheminées, qu'on trouve mentionnée en janvier 1792 comme devant être faite en vertu d'un décret de l'Assemblée;

3° La fixation d'un ban de vendange : le dimanche 25 septembre 1791, les officiers municipaux, « après avoir entendu le rapport des experts accoutumés à faire la visite des vignes du finage de Saint-Phal, en présence de la plus forte partie des habitants, ont déclaré qu'il était nécessaire de fixer le ban de vendange au lundi 3 octobre ». En 1794, on fixa le ban de vendange « au premier vendémiaire prochain, 22 septembre vieux style », ce qui semble indiquer que l'été avait été beau et chaud (Délibération du 22 fructidor an II) (1).

## Perception de l'Impôt et Budget communal

Pendant la Révolution, les municipalités restent chargées de la perception des contributions directes. Sous l'ancien régime, la taille (impôt foncier) était perçue par des notables du village appelés collecteurs. Un arrêt du Conseil du roi, rendu le 8 août 1788, attribua aux nouvelles municipalités « la répartition et assiette de la taille, capitation et autres impositions », ainsi que « la nomination à la collecte ». Pour cette tâche, la municipalité de Saint-Phal s'adjoint trois membres, le dimanche 7 septembre 1788.

En vertu d'une lettre des syndics de l'élection de Troyes, le

(1) La municipalité de Saint-Phal eut aussi à s'occuper du droit de pâture. Une loi du 6 octobre 1791 accordait à chaque individu le droit d'avoir un troupeau ou six brebis, une vache et un veau, quand même il ne jouirait d'aucune propriété sur le territoire. Ce droit donna lieu à des abus; le 3 juin 1792, le conseil municipal se réunit pour délibérer « au sujet des troupeaux de bêtes à laine, qui se multiplient journellement dans ladite communauté au préjudice de tous les habitants », et il décide que « tous particuliers de ladite commune auront année courante par chaque arpent de terre à sombre qu'ils font valoir sur le finage, à eux propre, une brebis et son agneau, ou un mouton ». Au surplus, la loi de 1791 restait appliquée.

dimanche 28 septembre, l'assemblée municipale se réunit pour « la nomination de deux collecteurs pour faire la levée et perception des tailles de la communauté dudit Saint-Phal pour l'année 1789, et la désignation de deux autres pour 1790 ». Jean Scipiot et Louis Forgeot, manouvriers, furent nommés pour 1789; Denis Vivien et Nicolas Colombé pour 1790.

Par la loi du 1er décembre 1790, la Constituante proclama l'égalité des terres devant le fisc, et posa en principe l'incidence de l'impôt sur le revenu net.

Mais cette loi, qui améliorait l'impôt foncier, avait un vice capital : les officiers municipaux devaient évaluer le revenu, établir les rôles et organiser la perception de l'impôt. L'incurie des municipalités, a-t-on dit, rendit la loi stérile. A Saint-Phal, il semble que la loi du 1er décembre 1790 ait été appliquée sans trop de difficulté. Il y eut bien quelques retards. Le 26 décembre 1791, l'assemblée municipale se réunit « à l'effet d'adjuger le rolle des tailles et vingtièmes des six premiers mois de 1791 de la commune de Saint-Phal pour en faire le recouvrement, à charge par l'adjudicataire de faire faire ledit rolle et le papier nécessaire à cet effet, et encore de fournir bonne et solvable caution. Et comparut Edme Jolly, garçon majeur, demeurant à Saint-Phal... », lequel, après plusieurs criées, prit le rôle pour 170 livres; et il présenta pour caution Louis-Pierre Finot, demeurant à Saint-Phal. Le 20 mai 1792, l'Assemblée municipale se réunit « pour délibérer au sujet d'un emprunt à faire pour payer le premier quart des contributions foncière et mobilière de 1791 »; elle décide que l'emprunt sera fait, au nom de la commune, par les officiers municipaux, « afin d'éviter de plus grands frais et renvoyer les garnisaires porteurs de contrainte décernée contre ladite communauté par Monsieur le Receveur du district d'Ervy ».

En juin 1792, l'assemblée municipale se réunit deux fois « pour crier au décroît le rôle des impositions foncière et mobilière pour 1791 », et personne ne se présente pour mettre ledit rôle à prix. A la troisième réunion, le 24 juin, se présente Edme Jolly, lequel met le rôle à 2 sols par livre. Le 29 juin, nouvelle criée : plusieurs amateurs se présentent; mais Edme Jolly fait le plus fort rabais et prend le rôle pour 9 deniers par livre « à charge par lui d'en faire la perception..., de faire toutes les tournées nécessaires chez les contribuables », de présenter une caution (Louis Guiard, garçon majeur) et de remettre les deniers perçus entre les mains du receveur du district d'Ervy (1). Mais des citoyens de la commune de Saint-

(1) En 1783, on accorda aux collecteurs de la taille six deniers par livre. La livre était de 20 sols et le sol ou sou de 12 deniers.

Phal réclamèrent, disant que le rôle avait été adjugé à trop haut prix ; leur réclamation fut portée par le procureur de la commune devant l'assemblée municipale réunie le 28 octobre suivant. Jean-Baptiste Brun, marchand, demeurant à Saint-Phal, offrait de faire la perception à 4 deniers pour livre ; « la municipalité a demandé au citoyen Jolly s'il voulait accepter cette offre; à quoi il a répondu qu'il ne le voulait pas, et à l'instant a donné sa démission, ce qu'il a fait au bas de l'acte passé à cet effet ». L'adjudication définitive du rôle a été faite à J.-B. Brun à raison de 4 deniers pour livre du montant dudit rôle, « déduction faite du rôle d'acompte » de l'année 1791. Et Brun a présenté pour caution le citoyen Edme Patris, et pour certificateur le citoyen Edme Gueux.

La Convention ayant décrété un emprunt forcé, l'assemblée municipale se réunit le 7 frimaire an II (27 nov. 1793) pour nommer deux commissaires qui feront « la vérification des individus sujets audit emprunt »; sont nommés Edme Patris et Nicolas Vivien, tous deux notables.

Au début de l'année 1794 (23 nivôse an II — 12 janv.), l'assemblée municipale met en adjudication, au rabais, en présence des habitants réunis au son de caisse, les rôles fonciers et mobiliers de la commune. C'est encore Jean-Baptiste Brun qui les prend à 4 deniers pour livre.

Le 15 pluviôse an II (3 févr. 1794), le Conseil assemble les habitants pour adjuger au rabais le travail de réfection du rôle mobilier de 1792 et foncier de 1793 (changements et mutations) et « le rôle des secours que la nation accorde aux pères et mères des enfants qui sont à la défense de la patrie ». Nicolas Vivien, notaire, et le curé Robin sont adjudicataires pour 110 livres ; ils s'engagent à parfaire le rôle mobilier et le rôle de secours dans les quinze jours et le rôle foncier dans le délai d'un mois ; le travail se fera à la maison commune en présence de deux membres du conseil, un officier et un notable.

Le 16 ventôse an II (6 mars 1794), le Conseil s'assemble et nomme six commissaires pour se conformer à la loi relative à l'emprunt forcé ; parmi les commissaires, on remarque le curé Robin, les deux notaires Nicolas Vivien et Louis Augé et Pierre Crespinet, maître chirurgien de Saint-Phal.

Le 10 prairial an II (29 mai 1794), le Conseil se réunit pour examiner le rôle de la contribution mobilière, à lui adressée par les administrateurs du district d'Ervy ; des erreurs sont constatées. On nomme, séance tenante, deux membres du Conseil, les citoyens Crespinet et Robin, pour faire les vérifications et rectifications qui s'imposent.

A la fin de l'année 1794, le Conseil met en adjudication, au rabais, le rôle de la contribution foncière pour l'année 1793 : Louis Auger le prend à 8 deniers la livre ; le rôle lui reste à une seconde enchère. Mais le 3 frimaire an III (23 nov. 1794), une troisième enchère est faite « auprès de l'arbre de la liberté de la commune » ; le citoyen « Edme-Anne-Agathe Robin, propriétaire à Fal (1), a mis le rôle à six deniers par livre ». Deux pages plus loin, on lit sur le registre municipal cette note, écrite par le curé Robin : « Le citoyen Edme-Anne-Agathe Robin, membre du Conseil général de la commune de Phal, déclare à ses concitoyens que pour satisfaire à la loi qui défend à tout citoyen d'être en même temps et membre d'une autorité quelconque et percepteur d'impositions directes, qu'il se démet et déporte de sa place de membre du conseil municipal pour se tenir à celle de percepteur des impositions de ladite commune de Phal. »

L'impôt des patentes fut créé en 1791 (loi du 17 mars) ; pour se conformer au décret de l'Assemblée constituante, les citoyens dont les noms suivent sont comparus au greffe de la municipalité, ont déclaré leur état ou profession, le chiffre du loyer ou de la valeur locative de leur maison d'habitation, et ont demandé qu'on leur délivrât une patente : Jean Denisot, cordonnier ; François Desrupt l'aîné, marchand ; Edme Gueux, cabaretier ; Nicolas Chamoin, tisserand ; Louis Auger, marchand de bois ; Jean-Baptiste Brun, dit Noël, marchand ; Jacques Couvreur, marchand boucher ; Charles Guiard, marchand cossonnier ; Jean Bazin, marchand cossonnier ; Antoine Denis, marchand cordier ; Louis Laloue, tisserand ; Jean Gauthier, armurier et cabaretier.

La Constituante établit l'impôt de l'enregistrement (1790) et celui du timbre (1791) ; peu après la période qui nous occupe, le Directoire devait établir encore l'impôt des portes et fenêtres. Mais les Assemblées révolutionnaires avaient supprimé ces impôts indirects appelés gabelle (sur le sel), aides (sur les boissons), qui rendaient la vie plus chère au paysan, d'ordinaire pauvre et chargé de famille, qui étaient l'occasion ou la source de vexations (visites domiciliaires) et de procès fréquents, suivis de fortes amendes ou de prison (2).

Une partie du produit de l'impôt direct servait à payer les dépenses communales. Le 25 janvier 1793, l'assemblée munici-

(1) La délibération ne mentionne pas sa qualité de curé.

(2) Pour faire face à ses dépenses de guerre, Napoléon Ier rétablira les impôts indirects : sur les boissons en 1804, sur le sel en 1806 et la régie des tabacs en 1810.

pale réunie donne pouvoir « au citoyen Jean-Baptiste Brun, percepteur des impositions foncières de la commune de Saint-Phal, de percevoir le montant dudit rôle à raison de 9 deniers pour livre, comme il est porté en l'article 10 du département de l'Aube, pour par ledit Brun en retenir 4 deniers pour livre pour son droit de perception, comme cela lui a été adjugé, et les 5 deniers restants seront remis par ledit Brun entre les mains du trésorier de la commune pour être employés à payer des dettes de ladite commune, savoir au garde-champêtre, le traitement de plusieurs années qui sont dues au greffier de ladite municipalité... »

Parfois, les ressources faisaient défaut. Le 1er thermidor an III (19 juill. 1795), le Conseil assemblé délibère au sujet de l'indemnité due au citoyen Gauthier, armurier et horloger, qui a remonté et raccommodé l'horloge de la commune : « Ladite commune n'ayant aucuns biens pour faire face aux dépenses qui pourraient survenir..., un membre a représenté que le paiement ne pourrait être fait que par chaque individu selon son pouvoir », et le Conseil désigne deux commissaires qui feront une quête au domicile des habitants ; la somme recueillie servira à payer l'horloger. Quant aux indemnités dues par l'Etat pour contribution à la défense nationale, elles étaient transmises ou délivrées au trésorier de la commune par le receveur du district d'Ervy.

## L'Intervention économique. La Question des Subsistances

En supprimant les corporations, les monopoles, les douanes que Colbert avait laissé subsister à l'entrée de certaines provinces, les péages sur les routes et les fleuves, la Constituante avait fait pénétrer la liberté dans le domaine économique ; mais le « laissez faire, laissez passer » demandé par les économistes du XVIIIe siècle ne se réalisa qu'en partie. On crut qu'il fallait, comme par le passé, réglementer le commerce des grains, non seulement pour assurer l'alimentation de chaque habitant de la campagne, mais pour approvisionner le marché des villes et pour nourrir nos armées en campagne (1).

(1) Choses qu'on eût faites plus aisément avec de bons chemins. La Convention y songea (loi du 6 février 1793). L'assemblée municipale de Saint-Phal se réunit le 18 août et adressa aux administrateurs du district une demande de secours justifiée par le mauvais état des chemins et des ponts : « Il est très urgent et d'une utilité très pressante de raccommoder les chemins défectueux, et notamment depuis le gué des Joncs jusqu'à l'endroit appelé le Cheminot, distant d'une lieue, route qui conduit d'Ervy à Troyes et dudit Troyes à Tonnerre, laquelle se trouve imprati-

Avant la fin de l'année 1792, le 26 octobre, le Conseil de la commune de Saint-Phal se réunit pour réglementer le commerce des grains (1). On devait approvisionner le marché de Saint-Phal avant de pouvoir vendre des grains aux forains. Voici le texte de la délibération que nous rappelons (Feuille 62 du registre municipal) :

Ce aujourd'hui vingt-six octobre, l'an premier de la République française, le Conseil général permanent de la commune de Saint-Phal s'étant assemblé publiquement au lieu accoutumé à tenir ses séances, à l'effet de délibérer au sujet de l'approvisionnement du marché qui se tiendra tous les mardis de chaque semaine sur la place de la Liberté à défaut de halle. Le grain sera exposé sous l'avansoir de la maison commune. La matière mise en délibération, il a été unanimement convenu que chaque laboureur serait contraint par toute voie à amener audit marché le blé qu'il aurait en outre de sa provision pour être distribué aux particuliers qui viendront à cet effet audit marché, et qu'il sera payé le prix convenu de gré à gré entre les parties ou d'après le targot de la ville de Troyes. Ledit grain ne pourra être vendu par qui que ce puisse être aux forains hors de cette municipalité qu'après que les citoyens de cette même commune en seront fournis. L'ouverture du marché aux grains se fera, en hiver, à l'heure de neuf du matin et à huit en été ; les autres denrées et marchandises de bouche ne pourront être achetées et enlevées dudit marché par aucun cossonnier que les particuliers du lieu n'en soient fournis...

Un décret de la Convention, du 4 mai 1793, oblige tout citoyen possesseur de grains et farines à faire la déclaration de ce qu'il possède. Le Conseil de la commune, réuni le 1er juin suivant, décide de faire des visites domiciliaires chez les citoyens qui n'ont pas fait de déclaration, ou qui ont fait une déclaration inexacte. Les visites ont lieu, et on confisque, chez trois particuliers trouvés en faute, 79 boisseaux de grains. Ces grains sont vendus 355 livres, ou 5 livres le boisseau ; le produit de la vente est distribué aux pauvres de la commune, à raison de 10 livres par personne.

Le 13 nivôse an II (2 janv. 1794), le maire arrête que les grains

---

cable, presque en tout temps, sur lequel chemin il se trouve deux ponts qui sont rudement écrasés, comme aussi la grande rue dudit Saint-Phal et les rues des hameaux de Bouc et autres endroits qui sont aussi impraticables... »

La guerre contre la coalition des ennemis de la liberté empêcha la loi du 6 février de porter ses fruits. L'argent manqua pour les chemins. Napoléon Ier ne s'intéressera guère qu'aux routes stratégiques. La première loi sur les chemins vicinaux est de 1836.

(1) Voir à ce sujet l'étude que nous avons publiée dans le numéro du 15 octobre 1908 du *Bulletin* : « Le commerce des céréales en l'an IV. »

qui restent à battre dans la commune le seront dans la quinzaine. Le même jour, sur la réclamation faite par plusieurs habitants « qu'il est très pressant de se procurer des subsistances pour pouvoir vivre, qu'il ne reste de grains de toutes espèces que pour vivre tout au plus jusqu'au 1er ventôse », le Conseil arrête que les citoyens Jean Gorneau, maire, et Jean-Baptiste Brun, officier de la garde nationale, « présenteront une pétition à eux mise en main aux citoyens administrateurs du département de l'Aube, qui permettent d'acheter des grains dans les cantons où il se trouve plus que leur subsistance ».

Six mois plus tard, les administrateurs composant le directoire du district d'Ervy requièrent la municipalité de Saint-Phal de répartir entre tous les citoyens de ladite commune « et par égale portion les grains et farines existant chez les propriétaires et cultivateurs ». Le Comité de surveillance de la commune avait été chargé de faire le recensement des grains et farines ; dans la séance du 15 prairial an II (3 juin 1794), le Conseil municipal décide d'envoyer le maire, Jean Gorneau, et un officier, Pierre Crespinet, auprès du Comité de surveillance, pour lui réclamer ledit recensement.

Le recensement des grains et farines n'ayant pas été fourni, le surlendemain, 17 prairial, la municipalité adresse une réclamation aux « citoyens président et membres du Comité de surveillance » et invoque « les cris et les larmes de leurs frères sans pain » pour stimuler leur zèle ; si le Comité ne donne pas prompte satisfaction, « nous serons obligés de vous accuser de manquer de tendresse et d'humanité pour vos semblables et comme tels de vous dénoncer », disent les membres du Conseil. Enfin, le 21 prairial, l'assemblée municipale peut prendre connaissance du recensement fait par le Comité de surveillance ; elle décide qu'une commission nommée par elle se rendra, escortée de quatre gardes nationaux, chez les plaignants « pour entendre leur plainte et y satisfaire ». La commission reconnaît que « 17 ménages et 40 individus sont dans la plus grande nécessité » ; or, le recensement n'accuse comme disponibles que 26 boisseaux et demi, « qui seront répartis entre les individus de la plus grande nécessité ».

Il fallait, dans le même temps, satisfaire aux réquisitions adressées de Troyes, de Bar-sur-Seine, d'Ervy. Les premières arrivent le 2 pluviôse an II (21 janvier 1794) : 1° pour l'armée et le district de Bar-sur-Seine, en froment, orge et seigle, 80 boisseaux : 2° pour le magasin de Troyes, 100 quintaux de paille ; on demande à un même cultivateur, 10 boisseaux de grains ou

20 quintaux de paille. Le 3 pluviôse, Bar-sur-Seine demande encore 30 boisseaux de grains.

Le 27 pluviôse (15 févr. 1794), la municipalité reçoit une lettre du district d'Ervy, relativement aux réquisitions à faire aux cultivateurs possesseurs de grains. Les cultivateurs de Saint-Phal se sont assemblés, au nombre de vingt-quatre, dont trois meuniers, le 1er de la première décade de ventôse (19 févr.), et « ont déclaré qu'ils n'avaient pas même de grains suffisant pour leur consommation de trois mois tout au plus, attendu qu'ils sont obligés d'en livrer journellement aux individus de leur commune qui sont en grand besoin ». Et le 2 ventôse (20 févr.), le Conseil s'assemble, au sujet « du mesurage à faire des grains froment qu'il y a dans la commune pour en faire distribution à chaque individu à raison de 6 boisseaux à chacun, pour jusqu'à la récolte prochaine » ; on commencera par pourvoir les possesseurs du grain et leurs domestiques à gages, et ledit mesurage commencera le samedi 4 du présent mois.

En thermidor an II, Ervy adresse à la municipalité de Saint-Phal une réquisition de seigle. Le seigle n'ayant pas été fourni, un administrateur du district d'Ervy arrive à Saint-Phal le 27 de ce mois (14 août 1794) : on lui fait remarquer que Saint-Phal ne sème pas de seigle pur ; des commissaires sont nommés pour vérifier le fait. On ne trouve de seigle ni à Saint-Phal, ni dans les lieux circonvoisins ; on décide de fournir du froment à la place. Il s'agit de 50 quintaux que le citoyen Jean Denisot, à titre de commissaire du district d'Ervy dans cette commune, fera rechercher et envoyer, dans le délai de quelques jours. Le 3 fructidor suivant (20 août), on constate que plusieurs personnes n'ont pu livrer leur part, « n'ayant pas même de grains pour leur subsistance et ensemencement ». On nomme alors deux commissaires pour recevoir des habitants la déclaration des grains, foin et paille qui sont en leur possession : ce sont Nicolas Vivien, notaire, et le curé Robin, tous deux propriétaires. On leur alloue pour faire le recensement à chacun 4 livres par jour ; et ce travail ne pourra durer plus de cinq jours. Mais il y eut des retardataires, de un jour, de deux jours ; on décida que tout retardataire paierait, au prorata de son retard, les journées du commissaire du district. Enfin, le 5 fructidor (22 août), la requête en seigle et froment put être fournie en totalité. Il y eut à payer dix journées au commissaire Denisot, soit 72 livres, dont quittance et décharge donnée par ledit Denisot.

Le 8 vendémiaire an III (29 sept. 1794), l'agent national, Gueux, enjoint à la municipalité de donner aux cultivateurs de Saint-Phal l'ordre « de fournir des grains tous les jeudis de chaque semaine pour l'approvisionnement du marché de Chamoy ». Le 21 vendémiaire (12 oct.), le Conseil délibère sur une réquisition du district d'Ervy, demandant de tenir prêts dans un lieu indiqué 100 quintaux d'orge pour « subvenir au recours des brasseurs de Paris ». Cette orge sera déposée dans une chambre du ci-devant château, et la clef en sera remise à Jacques Coulon, membre du Conseil.

La municipalité était intervenue aussi dans la fixation des salaires. En présence de la dépréciation des assignats, la Convention avait fixé un maximum pour le prix des marchandises et des journées de travail (loi du 29 septembre 1793 (1). Le registre de Saint-Phal renferme deux délibérations relatives au « maximum ».

La première est celle du 16 ventôse an II (6 mars 1794) : le Conseil s'assemble « pour délibérer au sujet d'un décret du onze septembre dernier, article quinze, qui défend à tout meunier de se payer en grain de moulage, mais bien en monnaie courante et suivant le maximum, à peine d'être puni suivant la rigueur des lois et ayant à s'y conformer ».

La seconde est celle du 11 messidor an II (4 juill. 1794), que nous citons presque en entier (Feuille 128 du registre) :

Le onze messidor, l'an deuxième de la République française une et indivisible, nous, maire et officiers municipaux étant assemblés en la maison commune, assistés du Conseil général, il a été fait lecture de l'arrêté du Comité de Salut public du onze prairial an II pour les ouvriers à mettre en réquisition pour la prochaine récolte et la taxe tant des journaliers pour fauciller et faucher ainsi que les charois de moisson ; la

---

(1) La dépréciation progressive des assignats poussait les acheteurs comme les vendeurs à enfreindre la loi du maximum. Le 11 messidor an II (29 juin 1794), Guillaume Blot, fabricant de drap à Troyes, dénonce à l'agent national de Saint-Phal les citoyens Jean-Denis Finot et François Finot, de Saint-Phal : ils ont refusé de lui livrer la laine qu'il leur a achetée « s'il ne la leur payait pas 50 sols, prix au-dessus du maximum, qui n'est que de 42 sols 8 deniers ».

Le 9 brumaire an III (30 oct. 1794), l'agent national du district d'Ervy se plaint que « la loi du maximum est impunément violée dans toutes ses parties. Les marchands qui n'achètent rien au prix fixé par la loi, revendent tout à un prix exorbitant... Aucun des objets taxés, blé, vin, etc., n'est vendu au taux qui lui est assigné. Le vin que l'on vendait d'abord à un prix qui ne s'éloignait pas du maximum a sensiblement augmenté ; il est presque doublé. Les acheteurs en donnent tout ce que les vendeurs en demandent. Tous ceux qui ont beaucoup d'assignats l'accaparent, et il est beaucoup de Troyens qui en ont acheté 3 ou 4 cents muids ».

Le 19 frimaire an III (9 déc. 1794), il dit que « les gens de Bar-sur-Seine achètent le blé à 60 livres le quintal ; on le conduit aux gens sous prétexte de payer les moissonneurs en nature ». (Arch. départ.)

matière mise en discussion, un membre a dit que les journaliers qui étaient dans l'habitude de partir pour la récolte ne se refuseraient pas de se rendre dans les endroits où ils moissonnaient les années précédentes. Cependant, il a été arrêté que tous les citoyens qui étaient dans l'habitude de sortir y seraient par vous requis, et qu'il leur avait enjoint que la récolte finie dans les endroits où ils se transporteraient, de se rendre en leurs foyers pour y travailler à la récolte du lieu et pour reprendre leurs travaux ordinaires.

Et pour nous conformer aux articles huit et neuf dudit arrêté, pour fixer le prix, tant des journées que transport de récolte, nous avons fixé et taxé ainsi qu'il suit :

| | |
|---|---|
| La journée d'un homme pour fauciller et le nourrir........ | 37 sols |
| Journée de femme et la nourrir.......................... | 18 sols |
| L'arpent de blé à fauciller marchandé.................... | 7 liv. |
| L'arpent d'avoine et orge à fauciller...................... | 7 liv. |
| L'arpent d'avoine et orge à faucher...................... | 2 liv. |
| Journée de faucheur et nourrir........................... | 2 liv. |
| L'arpent de pré à faucher............................... | 5 liv. |
| L'arpent de lentilles et vesces........................... | 3 liv. |
| Charroi de moisson avec deux ou trois chevaux à une lieue.. | 3 liv. |
| A une demi-lieue, une livre dix sols ou.................. | 30 sols |

A laquelle taxe ci-dessus tous les ouvriers employés aux objets ci-dessus énoncés seront tenus de s'astreindre, sans pouvoir exiger plus haut prix.

Suivent les noms des ouvriers, hommes et femmes, qui ont l'habitude de travailler aux travaux de la récolte, demeurant dans cette commune, soit 42, dont 17 hommes et 15 femmes ou filles pour fauciller et 10 faucheurs.

Lesdits ouvriers seront tenus de se conformer à la taxe par nous faite conformément à l'arrêté du Comité de Salut public, et de satisfaire aux réquisitions qui leur seront par nous données, sous peine d'être regardés comme contre-révolutionnaires et punis comme tels.

## Participation a la Défense nationale
## Levées d'hommes et Réquisitions

Les municipalités de village eurent fréquemment à s'occuper de la défense nationale. On commença à organiser la garde nationale, dans l'Aube, au printemps de 1790. Le 4 mai, les officiers municipaux se réunissent pour nommer deux délégués qui se rendront à Troyes où, réunis à ceux des autres municipalités, ils désigneront un commandant général des gardes nationales et des commandants généraux de district ; puis ils signeront « l'acte d'affiliation réciproque de toutes les municipalités du département de l'Aube, et l'acte de confédération qui unit toutes les gardes nationales du même département ».

Le Conseil assemblé députe, à cet effet, « les sieurs Louis

François, citoyen actif, et Jean-François Drouot, l'un des notables de ladite commune ». Ils reçoivent le pouvoir de signer les actes désignés plus haut, « sous la réserve d'aucun autre engagement quelconque et de ne pouvoir obliger ladite commune de Saint-Phal d'habiller leur milice nationale en uniforme..., comme aussi de ne s'engager que pour les affaires qui regardent la tranquillité, le bien public et la défense contre les ennemis de la nation française... ». Le 21 juin, la municipalité de Saint-Phal reçoit des officiers municipaux du district d'Ervy, dont elle dépend, une lettre concernant l'organisation de la garde nationale. Le Conseil s'assemble le jeudi 24 juin : sur les « cent vingt-quatre citoyens en état de porter les armes, depuis l'âge de seize ans jusqu'à cinquante », le Conseil choisit des députés, à raison de six par cent, pour se transporter en ladite ville d'Ervy ; puis il désigne pour commandant le sieur Jean-Baptiste Brun.

Le dimanche suivant 27 juin, un membre de la municipalité, Jean-François Drouot et un des adjoints pour les affaires criminelles, Louis François, font sonner la cloche et s'assemblent « au lieu ordinaire avec la plus grande partie des citoyens de Saint-Phal ». A la municipalité, dont ils n'ont pas pris les ordres, ils répondent qu'ils se sont réunis « pour satisfaire au décret des représentants de la nation et à la lettre de Messieurs composant la municipalité d'Ervy ». La municipalité leur répond qu'elle a cru pouvoir choisir elle-même les délégués, « attendu que la garde nationale n'était pas encore formée ». Les citoyens présents insistent pour faire ce choix eux-mêmes : la majorité du Conseil cède à la volonté populaire. De plus, le sieur Jean-Baptiste Brun, officier municipal, est accepté comme commandant et il prête le serment « par lequel il affirme d'être fidèle à la Nation, à la Loi et au Roi, et de répandre jusqu'à la dernière goutte de son sang pour le bien public ». Le 25 octobre 1791, Brun, ne pouvant être à la fois commandant de la garde nationale et officier de la municipalité, opte pour cette dernière charge. Le juge de paix Louis Auger, « que la milice bourgeoise de Saint-Phal nomme colonel de la garde nationale », accepte d'abord ; puis, le 31 octobre suivant, il donne sa démission, invoquant « une maladie qu'il vient d'essuyer ». Edme Patris, nommé à sa place, accepte, puis, le 8 novembre 1791, démissionne à son tour.

Le 13 mai 1792, la municipalité de Saint-Phal s'assemble pour recevoir les états des citoyens actifs du canton aptes à faire partie de la garde nationale ; les municipalités de Chamoy, Crésantigues et Fays ont fourni l'état demandé ; celles de

Jeugny et de Mâchy « ont fait refus de donner l'état de leurs citoyens ».

Le 8 juillet suivant, l'assemblée municipale « assemble la garde nationale de Saint-Phal, au sujet de l'arrêté du département qui ordonne de députer un homme par cinquante citoyens actifs pour aller au district en députation, pour renouveler le pacte fédératif, qui doit se renouveler tous les ans le 14 juillet, jour de la fédération générale des Français ». Et on désigne comme députés, le capitaine de la garde nationale Louis Guiard, un sergent Jean Haillot, André Laloue et Jacques Menneret, deux grenadiers.

Le 19 juillet 1792, la garde nationale, assemblée en présence de la municipalité, nomme un nouveau commandant, Jean-Baptiste Dozière, citoyen actif de Saint-Phal.

Le 20 avril 1792, la guerre avait été déclarée à l'Autriche, qui recevait et encourageait les ennemis de la Révolution. La première levée de volontaires eut lieu au mois d'août. A la suite du décret du 22 juillet, relatif au complément de l'armée de ligne, les administrateurs du district d'Ervy donnent l'ordre à la municipalité de Saint-Phal, le 10 août, d'assembler tous les conseils des communes du canton pour procéder à la désignation de 24 volontaires. Une première assemblée au chef-lieu du canton, c'est-à-dire à Saint-Phal, est tenue le 15 août dans l'église par les citoyens en état de porter les armes ; l'assemblée se réunit de nouveau le 19 août : les communes de Crésantignes, de Jeugny et de Mâchy n'ont envoyé personne. Néanmoins, on procède à la désignation des volontaires, qui est faite, en tenant compte des chiffres de la population, par les citoyens eux-mêmes, en présence d'un commissaire du district; les hommes désignés sont inscrits sur un registre. Saint-Phal en fournit 6, Chamoy 8 (dont Edme L'Encelin, enregistré au district d'Ervy), Fays 2.

Une levée de grenadiers a lieu le 26 septembre. En présence de trois commissaires délégués par le Conseil permanent du département et de la municipalité, les citoyens de Saint-Phal en état de porter les armes sont assemblés au son de la cloche ; on les mesure, et 26 d'entre eux se trouvent avoir la taille requise pour être grenadiers. On les réunit à part, dans l'église, pour désigner six hommes. « La grande majorité décide que la nomination desdits huit grenadiers se fera au scrutin et à la pluralité relative des voix » ; mais neuf des hommes présents « refusent la voix du scrutin, persistant à vouloir tirer au billet, malgré la décision des commissaires ». Une nouvelle réunion a lieu le

1er novembre : le vote n'ayant désigné que des garçons, ceux-ci refusent d'accepter, demandant le tirage au sort. Voici le compte rendu de cette assemblée (Feuille 63 du registre de Saint-Phal) :

« Ce aujourd'hui, premier novembre, l'an premier de la République française, le Conseil général de la commune de Saint-Phal étant assemblé dans l'église paroissiale dudit lieu, d'après le réquisitoire donné par le commissaire du département de l'Aube et du district d'Ervy, en date du 31 octobre dernier, relativement à la nomination de *six* grenadiers demandés par lesdits commissaires ; après que l'assemblée a été sonnée et annoncée au son de la caisse et de la cloche, il s'est trouvé que tous les grenadiers tant hommes que garçons, choisis par lesdits commissaires le 27 septembre dernier, réunis dans ladite église. Le mode proposé pour le tirage des grenadiers a été décidé par la majeure partie au scrutin, ce que les garçons se voyant partie inférieure, auraient proposé aux hommes de leur donner une honnêteté et qu'ils les déchargeraient du sort. Alors les hommes ont demandé quelle était l'honnêteté qu'on demandait. A quoi ils ont répondu qu'ils demandaient chacun cent livres et habillé ; à quoi les hommes ont répondu qu'ils ne le pouvaient et ont à l'instant procédé au scrutin. Et lesdits garçons ont refusé de mettre leur billet. Après que le dépouillement du scrutin a été fait, il s'est trouvé que les citoyens Jean Boulard, Jacques François, Pierre Forgeot, Louis Drot, Jacques Menneret et Jean Haillot, tous demeurant à Saint-Phal, ont recueilli la majorité absolue des suffrages, et par conséquent ont acquis l'honneur de partir les premiers à la défense de la patrie. Malgré cela, ont refusé d'accepter, et de ce que dessus avons dressé le présent procès-verbal. »

En septembre 1793, le canton de Saint-Phal est appelé à fournir cinq cavaliers, dont un pour Saint-Phal ; on les tirera au sort.

A Saint-Phal, le sort désigne Charles Simon, garçon, qui présente pour le remplacer le citoyen Edme-Henri-François Dubois, propriétaire, demeurant à Auxerre et âgé de 41 ans. Dubois est accepté.

Un décret de la Convention du 13 prairial an II (1er juin 1794) ayant requis des jeunes gens pour l'École militaire, on demande à la municipalité de Saint-Phal de désigner « un jeune homme de 16 à 17 ans, ayant des mœurs, des plus forts et mieux constitués et intelligents des jeunes citoyens de son âge ». On choisit le jeune Louis, fils de Nicolas Legouest ; il devra se rendre à Ervy, chez l'agent national, dans le délai de trois jours.

Les réquisitions de chevaux pour l'armée, de voitures attelées pour les convois militaires commencées en 1792, furent fréquentes à partir de 1793.

La première réquisition eut lieu en octobre 1792. Au reçu

d'une lettre des administrateurs du district d'Ervy, la municipalité de Saint-Phal s'assemble le 15 octobre 1792 : il s'agit d'une voiture attelée de deux chevaux, à fournir « par les citoyens laboureurs domiciliés dans cette commune ». Ces derniers désignent l'un d'entre eux, Pierre Largentier, qui se rendra à Châlons par Arcis, et se mettra à la disposition de l'autorité militaire. Puis Largentier accepte, contre une indemnité de 15 livres par jour; et il reçoit au départ un acompte de 60 livres.

Le 11 mars 1793, la municipalité reçoit des administrateurs du district une réquisition pour une voiture à trois chevaux, qui devra être conduite à Nogent-sur-Seine, pour y prendre des fourrages à destination de Nancy ; l'indemnité sera de 15 livres le cent pesant. Les cultivateurs s'assemblent deux fois, le 15 et le 26 mars : ils nomment au scrutin Pierre Maudier, de Forêt-Chenu, qui ira ou enverra quelqu'un à sa place ; les cultivateurs lui offrent une somme de 400 livres. Edme Finot, voiturier du Cheminot, paroisse de Javernant, se présente, le 26 mars, pour faire le voyage aux conditions fixées.

Le 12 août 1793, au son de la cloche et du tambour, le Conseil assemble les cultivateurs, sur un ordre du département qui requiert trois voitures attelées de quatre chevaux chacune. Il s'agit de se rendre à Troyes pour conduire des soldats et des bagages à l'armée. Six cultivateurs consentent à tirer au sort ; les autres préfèrent payer. Le sort désigne Louis François, Jean-François Drouot et Jean Finot-Jouanne, qui devront fournir les voitures attelées, « le fourrage et la vie des conducteurs ».

Le 19 ventôse an II (9 mars 1794), les cultivateurs sont réunis pour délibérer au sujet d'une réquisition de huit voitures à trois ou quatre chevaux, afin de conduire de l'avoine de Nogent à Rethel, le 8 du mois suivant. Considérant que fournir les huit voitures, « ce serait enlever tous les chevaux de ladite commune », que « les laboureurs sont en défaut de chevaux par les réquisitions qu'ils ont fournies » et que la majeure partie des fermiers laboureurs n'attellent que des bœufs, les cultivateurs demandent qu'on diminue le nombre des voitures et qu'on leur accorde le temps de faire les semailles. En exécution d'un arrêté du département de l'Aube, du 10 germinal an II (30 mars 1794), la commune de Saint-Phal devait fournir deux voitures attelées de trois chevaux, pour se rendre à Arcis-sur-Aube.

Le 1er floréal an II (20 avr. 1794), le district d'Ervy transmet une réquisition de trois voitures attelées de trois chevaux chacune, pour se rendre à Pont-sur-Seine et y charger du foin à destination de Metz.

Le 10 floréal an II (29 avr. 1794), les maires des six communes du canton se réunissent à Saint-Phal, afin de procéder à la levée extraordinaire des chevaux et juments pour le service des transports militaires. On en a recensé 307, sur lesquels on en a pris onze, à raison de un par 25; on n'en a pu trouver douze réunissant les conditions de taille et d'âge exigées par la loi du 18 germinal, relative à ce recensement. Les six maires ont signé le procès-verbal de la réunion : Gorneau, de Saint-Phal ; Pitantier, de Jeugny; Benoist, de Fays ; Vinot, de Mâchy; Rozé, de Crésantignes, et Claude Pinsot, de Chamoy. Les mêmes se réunissent le 18 floréal pour désigner les citoyens, trois garçons, qui conduiront les chevaux et juments et la voiture mise en réquisition, en vertu de ladite loi du 18 germinal an II. La voiture sera fournie par Jean Lucas, de Saint-Phal ; Jeugny fournira deux sacs à avoine et deux cordes à fourrage; Crésantignes, un sac et une corde. Jean Lucas donnera en même temps un cheval, qu'il fera rendre à Auxerre. Les dix autres chevaux fournis, dont trois par Saint-Phal, cinq par Chamoy et un par chaque autre commune, sauf Jeugny, seront payés 7.700 livres.

Le 29 floréal an II (18 mai 1794), on fit l'estimation des chevaux requis pour les armées, soit dix chevaux, estimés de 700 à 900 livres. Retenons le signalement et le prix de quelques chevaux ou juments :

« Un cheval hongre bai marron marqué en tête, deux balzans postérieurs, tache blanche au garot et sur le dos, taille de quatre pieds huit pouces, très âgé, estimé 750 livres.

« Une jument bai cerise... taille de quatre pieds sept pouces, âgée de neuf ans, estimée 800 livres.

« Une autre noir mat et marquée en tête légèrement au bout du nez, taille de quatre pieds six pouces six lignes, âgée de dix ans, estimée 900 livres.

« Un cheval entier souris marqué en tête et au bout du nez, trois balzans, taille de quatre pieds sept pouces, âgé de dix ans, estimé 800 livres. »

Le 17 prairial (5 juin 1794), une réquisition est adressée à Jean Lucas, pour une voiture attelée de trois chevaux ; il devra la conduire à Ervy et y charger foin et avoine pour la place de Metz. Lucas présente une pétition à la municipalité, déclarant qu'il n'a qu'un cheval de bon, et que l'autre, avec les harnais, est parti pour Auxerre. On lui adjoint Jean-François Drouot, pour la réquisition : ce dernier fournira « un cheval avec son harnais de limon, et une voiture garnie de perches et agrès ».

Le 30 prairial (18 juin), réquisition d'une voiture et trois chevaux, à conduire à la place de Troyes, pour l'armée des Ardennes.

Le 8 messidor an II (26 juin 1794), Jean Lucas réclame sa voiture avec ses harnais, qui ont été retenus à Auxerre ; la municipalité donne pouvoir à l'un de ses membres, Jacques Coulon, de se transporter à Auxerre, avec ses deux juments, pourra mener la voiture de Lucas.

Du même 8 messidor, réquisition de deux voitures de trois chevaux chacune, pour Troyes et l'armée des Ardennes.

Du 11 messidor, réquisition d'une voiture et trois chevaux, pour se rendre à Meaux, en Brie.

Le 7 fructidor an II (24 août 1794), les maires du canton de Saint-Phal se réunissent au chef-lieu, pour une nouvelle levée extraordinaire de chevaux et juments destinés à l'armée. On recense 90 bêtes, sur lesquelles on en prend deux, pour le contingent du canton, un cheval de Joachim Benoît, de Crésantignes, et une jument de Nicolas Guichard, de Fays. Leurs propriétaires devront les conduire à Auxerre.

Le 10 frimaire an III (30 nov. 1794), réquisition d'un cheval adressée au canton de Saint-Phal ; les chevaux et juments du canton sont conduits à Saint-Phal ; après examen, on choisit un cheval d'Etienne Guichard, de Jeugny ; le 17, la municipalité de Saint-Phal désigne un garçon de cette commune, Edme Jolly, pour conduire le cheval à Auxerre. Jolly « sera payé de sa route, aux termes de la loi », et Guichard recevra pour son cheval, âgé de huit ans, la somme de 900 livres.

Le 26 frimaire (16 déc.), le lieutenant de gendarmerie d'Ervy, Chassin, arrive à Saint-Phal avec deux gendarmes. Il informe la municipalité que sur les 125 voitures qui devaient, par réquisition du 25 vendémiaire dernier, se rendre aux magasins de Troyes, pour aider à approvisionner l'armée de la Moselle, il ne s'en est présenté que 39 au jour dit. Les autres étaient en retard. Il y a lieu à une nouvelle réquisition ; et Saint-Phal devra fournir deux voitures attelées de trois chevaux chacune, quoique cette municipalité « ait fait son devoir de bonne foi dans les délais prescrits ».

En exécution d'un arrêté des représentants en mission près l'armée de la Moselle, en date du 22 frimaire (12 déc. 1794), le canton de Saint-Phal est appelé à fournir deux voitures de quatre chevaux ; sur les huit chevaux désignés, trois sont pris à Saint-Phal. Pour conduire les deux voitures à Mayence, on désigne deux garçons, Pierre Jorry le jeune, de Chamoy, et Pierre François, de Saint-Phal. Le 12 nivôse (1er janv. 1795), Fiénaux, commissaire du district, arrive à Saint-Phal pour presser le départ. Jorry a fait savoir que la voiture qu'il devait conduire n'était pas prête. Pierre François se présente, et dit

« qu'il acceptait de son plein gré, malgré la nécessité urgente qui peut être utile au service des travaux de son père pour son labour, qu'il sacrifiait trois mois de son temps pour le service de la République en qualité de conducteur ». La même bonne volonté ne se rencontre pas chez tous. Toussaint Gagon, de Chamoy, désigné pour fournir un des huit chevaux requis, a répondu que ceux qui avaient besoin de son cheval n'avaient qu'à aller le chercher. Cinq des chevaux requis sont bientôt renvoyés, et il faudra les remplacer.

Le mois suivant, nouvelle réquisition de deux voitures attelées chacune de quatre chevaux, pour Mayence. Le 21 pluviôse (9 févr. 1795), les maires du canton réunis convoquent à Saint-Phal les cultivateurs ayant des chevaux pour en choisir huit, plus les cinq à remplacer. On choisit treize chevaux et juments, dont cinq à Saint-Phal. Pour trouver plus facilement les voitures, on décide de s'adresser aux charrons et maréchaux du canton, qui devront déclarer « les roues qu'ils ont fait et rembattues et qui pourraient servir sur leur connaisances ». Les charrons et maréchaux sont appelés. Ceux de Chamoy « ont dit qu'ils n'en connaissaient point d'assez fortes pour les voitures en réquisition ». On décide de former une commission qui fera la recherche de deux voitures solides. Le 22 pluviôse, on désigne les trois commissaires, François Finot, officier municipal de Saint-Phal, Jean Benoît, maire de Fays, et Claude Dutertre, charron de Saint-Phal; accompagnés du greffier de la municipalité de Saint-Phal, Nicolas-Etienne Honnet, ils parcourent le canton, et finissent par trouver les roues et harnais requis.

Quelques jours plus tard, le 26 pluviôse (14 févr.), une nouvelle réquisition d'une voiture et trois bons chevaux est adressée à la municipalité de Saint-Phal « pour transporter des pièces d'artillerie et des munitions de guerre de Metz à Strasbourg ». On désigne trois habitants du hameau de Boue, pour fournir la voiture et les chevaux ; les citoyens désignés font une pétition pour établir que leurs juments ne peuvent supporter le voyage ; mais la pétition est écartée comme non fondée.

Le 7 floréal an III (26 avr. 1795), réquisition d'une voiture et trois chevaux à conduire à la place de Troyes pour y charger des fourrages à destination de Libreville.

Le 9 prairial (28 mai 1795), le citoyen Bernot, commissaire du directoire du district d'Ervy, se présente à Saint-Phal pour « faire le choix des chevaux et juments du canton et des communes en dépendant ». Il n'en reconnaît aucun « propre au service de la République ».

Par une lettre du 3 messidor (21 juin 1795), le district d'Ervy réclame aux municipalités du canton de Saint-Phal des harnais et traits de rechange et une voiture plus forte, pour compléter les réquisitions précédentes. Dans la réunion du 10 messidor (28 juin), on décide de répondre que « les chevaux et juments fournis étaient harnachés avec ce qu'il y avait de meilleur », que dans le canton il n'y avait « aucuns harnais qui fussent en état de servir » pour ces transports au loin. Quant à la voiture, elle a été envoyée à Auxerre, mais renvoyée. Enfin, on réclame les harnais rebutés, qui auraient dû être rendus aux citoyens qui les ont fournis. Cela fait tort à ces derniers qui se seraient servis des harnais tels qu'ils étaient, « vu la cherté de toute espèce de denrée ».

Par lettre du 22 prairial (10 juin 1795), le directoire d'Ervy avait requis deux nouvelles voitures attelées de trois chevaux chacune, pour la place de Troyes, et destinées à conduire des fourrages à l'armée. La municipalité de Saint-Phal avait retardé le départ de ces voitures, « sur les réclamations et supplications à nous faites par les cultivateurs de cette commune », lit-on dans le procès-verbal de la réunion du 29 thermidor (16 août). Une nouvelle lettre du directoire d'Ervy « a enjoint la municipalité de faire partir dans le délai de quatre jours les voituriers requis, de prévenir les cultivateurs que l'on n'usera d'aucun ménagement vis-à-vis d'eux, et qu'ils seront mis en arrestation jusqu'au moment où ils auront satisfait ».

Ainsi, pendant l'été de 1795, au moment où la Convention victorieuse forçait nos ennemis à signer la paix (traités de Bâle), il devenait déjà difficile aux cultivateurs de l'Aube de satisfaire aux réquisitions de chevaux et de voitures (1).

Sous d'autres formes encore, la municipalité de Saint-Phal a contribué à la défense nationale. Saint-Phal dut fournir cent piques : le 16 mai 1793, le travail est adjugé à Louis Houzelot, maréchal, à raison de 7 livres par pique. — En décembre 1793, le district d'Ervy demande des mantes en laine ; le Conseil, réuni le 6, décide de se transporter chez les gens riches de la commune pour s'en procurer. — En application du décret du 4 frimaire an II (24 nov. 1793), le district d'Ervy demande des vêtements pour les armées de la République : 40 chemises,

(1) Pendant la guerre, on confia aux communes la garde des déserteurs étrangers. En nivôse an III, le district d'Ervy en envoya six à Saint-Phal. Ils devaient être logés alternativement chez les habitants et être traités avec douceur. On devait leur donner à chacun dix sols et une livre et demie de pain par jour, frais dont la commune devait être remboursée. S'ils travaillaient à la journée chez quelque particulier, ils ne recevaient pas de secours.

30 paires de guêtres, 20 pantalons ; le Conseil, réuni le 10 germinal an II (30 mars 1794), décide que le recouvrement de ces vêtements aura lieu dès le lendemain. — Le 15 prairial (3 juin), on délibère au sujet d'un arrêté de la Commission des armes et poudres de la République, en date du 27 ventôse, ordonnant de faire couper les bois de bourdaine, sanguine, etc., existant dans l'étendue de la commune. Les habitants commenceront le travail le lendemain, sous la surveillance du maire Gorneau et du citoyen Finot, garde des bois nationaux. Ces bois seront conduits à Saint-Mards-en-Othe sur deux voitures attelées chacune de quatre bœufs. Dix sacs sont requis pour mettre le charbon de bois de bourdaine ; ils seront remboursés, 2 livres les meilleurs, de 1 livre 10 sols à 1 livre les moins bons ; 125 fagots ont été conduits à Saint-Mards.

Le 12 fructidor an II (29 août 1794), le conseil s'assemble, pour se conformer à une lettre du préposé à la fabrication révolutionnaire des salpêtres et salins de la République. Une loi du 29 germinal ordonne « de faire brûler toutes les herbes et plantes inutiles pour servir à l'exploitation des salpêtres ou convertir en salins ». Les cendres seront mises en dépôt dans une chambre du ci-devant château. Deux commissaires sont nommés, Louis Auger et Jean Lucas, pour faire une enquête, dont ils rendent compte le 14 fructidor. Ce même jour, le citoyen Laurent, « directeur du brûlement des végétaux pour le canton de Fal », demande qu'on fasse cette opération le plus tôt possible ; et il propose une levée en masse de la commune. Un membre de l'assemblée faisant remarquer que seuls les enfants sont envoyés, on arrête « que chaque individu par ménage fournirait un demi boisseau de cendres, qu'ils seront tenus d'apporter à la maison commune pour le décadi prochain ».

Peu après, on s'occupe de recueillir du salpêtre. Le 22 fructidor (8 sept. 1794), le conseil entend Rougeot, commissaire nommé pour faire lessiver les terres et préparer le salpêtre ; les ouvriers qu'il a employés réclament leur salaire ; on décide de les payer, pour fouiller et lessiver les terres, 40 sols par jour jusqu'à la fin du mois, et 30 sols le mois suivant ; les charretiers recevront 15 sols par charroi d'eau et 10 sols par charroi de terre. Le 3 frimaire suivant (23 nov.), Rougeot réclame encore de l'argent pour payer les ouvriers qui travaillent au salpêtre ; le receveur du district d'Ervy versera 1,600 livres entre les mains du trésorier de la commune, Pierre Crespinet, pour payer les ouvriers.

Le Conseil se réunit, le 13 pluviôse an III (1er févr. 1795), pour une réquisition de sabots. Le citoyen Jean Bazin, sabotier et membre de la municipalité, fera la réception des sabots qui seront fabriqués ; les sabots « reconnus bons pour la réquisition seront payés 3 livres 5 sols la paire ».

Furent également requis les objets en métal servant au culte. Le premier jour de la première décade de frimaire an II (21 nov. 1793), le Conseil général de la commune assemblé délibère « que les cloches seront descendues, qu'il sera fait inventaire de tout ce qui se trouvera dans l'église dudit Saint-Phal en ornements, linges, argenteries et autres effets quelconques, pour ensuite être conduits au district d'Ervy, et être envoyés par lui par telle voie qu'il jugera la plus prompte et moins coûteuse, pour le tout être donné à l'Assemblée nationale pour le soutien de la patrie... » Et ledit inventaire devra comprendre la hallebarde, l'épée et le costume du suisse, Calixte Legouest, qui est « supprimé » par le conseil de la commune le 7 frimaire (27 nov.). Le même jour, 7 frimaire, le citoyen Pierre Crespinet, officier municipal, présente la décharge, signée des administrateurs du district d'Ervy, de l'argenterie de l'église, qu'il leur a fait parvenir (soleil, calices, ciboires, gobelets, patènes, etc.).

Enfin, à la séance du 15 pluviôse an II (3 févr. 1794), le Conseil « procède par adjudication à la descente des croix de sur l'église et des cloches de ladite commune ». Mais il ne s'est présenté aucune personne pour faire ladite opération.

Six semaines plus tard, la chose est adjugée à l'assemblée du 1er germinal an II (21 mars 1794), dont nous transcrivons le procès-verbal (Feuille 101 du registre) :

« Ce aujourd'hui premier germinal, l'an second de la République française, une, indivisible et impérissable, nous maire, officiers et membres de la commune de Saint-Phal, nous nous sommes assemblés au lieu accoutumé à tenir nos séances, à l'effet de délibérer entre nous au sujet des croix à descendre qui sont sur l'église de Saint-Phal, ainsi que celles du maître clocher, et ce par adjudication au rabais : à laquelle adjudication s'est présenté des ouvriers pour faire leur remise au rabais. Et à l'instant s'est présenté le citoyen Jean Gorneau, maire, qui a mis au rabais à la somme de cent livres, et le citoyen Pierre Crespinet à la somme de soixante livres, et le citoyen Nicolas Vivien celle de cinquante-six livres, et enfin les citoyens Edme Laurent et Edme Cosson à la somme de cinquante-cinq livres ; et après plusieurs criées faites et réitérées, et que personne ne voulut mettre lesdits ouvrages à plus bas prix, nous avons adjugé et adjugeons ladite enchère auxdits Laurent et Cosson à ladite somme de cinquante-cinq livres, à charge par eux de rétablir les dégradations qu'ils pourraient faire en faisant lesdites opérations, et après que lesdites adjudications ont été affichées dans tout le canton pour ce jour, et a ledit Cosson signé avec nous, et quant audit Laurent, a déclaré ne le savoir. »

*Signé :* Gorneau, maire ; Edme Cosson, Finot, Crespinet, Pioley, officiers ; Vivien, Gueux, Bazin, Patris, Mennerat, Robin, notables.

## La Question religieuse

A la fin de l'ancien régime, les cérémonies religieuses réunissaient encore souvent les habitants du village ; car la foi était restée vive dans le peuple (1).

A Saint-Phal, il n'y avait que des catholiques. On lit dans le registre de la municipalité : « Il n'existe dans la paroisse de Saint-Phal aucune famille non catholique et il est certain qu'on n'en connaît aucune ; on n'a pas même connaissance qu'il en ait existé anciennement. » (Procès-verbal de l'assemblée du 30 mai 1788.) Quand la Révolution eut éveillé le peuple à la vie publique, on trouva naturel de tenir des réunions dans les édifices religieux. A Saint-Phal, ce fut à l'église ou au prieuré de Saint-Denis, comme nous l'avons vu plus haut. L'assemblée municipale se réunissait le dimanche, à l'issue de la messe ou des vêpres, et les réunions étaient annoncées par la cloche ; ainsi les citoyens n'étaient point empêchés d'assister aux offices. Comme les bourgeois des communes au XI^e^ siècle, nos paysans de 89 faisaient de leur église un hôtel de ville (2). A la vieille foi catholique, qui leur montrait la fin et la récompense de leurs souffrances dans une vie future, ils unissaient la foi nouvelle en une vie terrestre où leur condition serait améliorée par le règne de la justice.

A l'Assemblée Constituante, la majorité des curés, sortis du peuple, étaient pour la Révolution et votèrent la Déclaration des Droits de l'Homme. Mais l'Assemblée fit la Constitution civile du clergé (12 juillet 1790). Mieux eût valu, a-t-on dit,

---

(1) D'après Courtalon, il y avait à Saint-Phal 450 communiants, en 1784, sur plus de 750 habitants. (*Topographie historique du diocèse de Troyes.*)

(2) D'ailleurs, les citoyens actifs de Saint-Phal n'innovaient pas en faisant de leur église un usage profane. Au cours du siècle précédent, en 1649, les officiers du roi très chrétien en avaient fait une caserne. En effet, dans le registre des naissances de la période 1647-1668, on lit sur la dixième feuille, sous le titre « Bataille de Chamoy » :

« Je fus contraint d'aller au château baptiser ces deux enfants, à cause que la grande église de Saint-Phal était toute pleine de soldats du régiment de Conty, commandés par M. de Chamrond, lieutenant-colonel, qui vint loger à Saint-Phal avec tout le régiment, le dernier jour de mai, après avoir été chassés par les habitants de Chamoy, qui tuèrent trois ou quatre soldats dans cette rencontre et eurent plusieurs habitants des leurs tués ou noyés dans les fossés de Chamoy, avec cinq ou six maisons brûlées par les soldats. »

Ce récit a été écrit tout entier de la main du curé Perrin, à la suite d'un acte de baptême du 5 juin 1649.

faire la séparation de l'Eglise et de l'Etat et laisser l'Eglise libre. Mais les constituants, élèves des philosophes, ne concevaient pas l'Etat laïque. Ils voulaient dans l'Etat un pouvoir spirituel organisé, mais subordonné à l'Etat : les prêtres seraient « des précepteurs de morale pour les enfants », comme disait Voltaire (1); Montesquieu pensait que la religion peut faciliter l'application des lois civiles. Et l'abbé Raynal, auteur de l'*Histoire philosophique des deux Indes*, écrivait : « La religion est faite pour l'Etat. »

Quel accueil trouva la Constitution civile à Saint-Phal? Le curé Henri Le Roy et son vicaire, Adam Dupuis, paraissent d'abord vouloir se conformer à la loi : en février 1791, ils prêtent le serment qu'elle exige :

Aujourd'hui vendredi quatre février mil sept cent quatre-vingt-onze, sont comparus les sieurs Henri Le Roy, curé de Saint-Phal, et Adam Dupuis, son vicaire, lesquels nous ont déclaré, en présence et de concert avec M. le maire dudit Saint-Phal, qu'ils prêteraient le serment civil exigé par le décret de l'Assemblée nationale, le dimanche six du courant, de quoi nous avons fait acte.

Le dimanche six février audit an, heure douze du matin, en l'église de Saint-Phal, à l'issue de la messe, chantée et célébrée ledit jour, les sieurs Henri Le Roy, curé de Saint-Phal, et Adam Dupuis, son vicaire, ont prêté le serment civil tel que leur conscience et leur patriotisme leur ont dicté, le tout de conformité au décret de l'Assemblée nationale sanctionné par le Roi, et tel qu'il est exigé, lesdits jour et an ci-dessus, en présence de Messieurs les maire, officiers et Conseil général.

Néanmoins, la délibération qui suit nous fait assister à l'installation d'un autre curé, qui prend la place de l'abbé Le Roy :

L'an 1791, le 30 mai, la municipalité, à la requête du procureur de la commune, se fait remettre par l'abbé Le Roy le registre de baptême, mariage et sépulture de la paroisse, pour en faire la remise « au sieur Edme-Anne-Agathe Robin, curé de Saint-Phal (2) ».

Dans l'intervalle, c'est-à-dire en mars 1791, la cour de Rome, après un long silence, avait fait savoir au Clergé de France qu'elle condamnait la Constitution civile.

Le curé Robin, qui accepte la Constitution, prête serment lorsqu'il en est requis. Ainsi, le 16 septembre 1792, il prête

---

(1) V. *Voltaire*, par Lanson, p. 183-184 (*Les Grands Écrivains français*); et la *Revue historique* de janvier 1910, art. de Mathiez : *Les Philosophes et la Séparation de l'Eglise et de l'Etat.*

(2) Auparavant desservant aux Croûtes.

devant la municipalité de Saint-Phal le serment exigé par la loi du 15 août précédent.

Le 13 août 1790, les habitants de Chamoy avaient demandé que leur village, dépendant de la paroisse de Saint-Phal, fût érigé en cure (1) ; on écarta leur pétition. C'est pourquoi, en février 1792, le curé Robin avait adressé une requête, pour une augmentation de traitement, aux administrateurs du département ; il invoquait le chiffre élevé de la population de Chamoy. Son traitement fut fixé à 2,000 livres.

Le curé Robin célébra le culte catholique comme par le passé. Il était depuis peu en fonctions, quand un vol eut lieu à l'église de Saint-Phal. Dans la nuit du 8 au 9 juin 1791, on a volé tous les vases sacrés qui étaient dans l'église ; le curé, la municipalité et les habitants prient l'administration départementale de leur procurer de nouveaux vases sacrés. L'administration du district estime que, conformément à l'art. 5 de la loi du 4 août 1789, le curé et les marguilliers de Saint-Phal doivent être autorisés à aller chercher à titre de prêt deux calices, un ciboire et un ostensoir au ci-devant chapitre de Lirey. (Reg. d'ordre du district d'Ervy, aux Archives de l'Aube.)

Le 7 juillet 1793 eut lieu la location des prés de l'œuvre et fabrique de Saint-Phal. Après plusieurs enchères, le principal lot est adjugé à Jean Largentier, cultivateur de Saint-Phal, pour 1,005 livres ; un autre lot est adjugé à Pierre Martin, de Mâchy, pour 151 livres ; et un pré, situé à Boue, est loué pour 50 livres au curé Robin. « Le tout fait et adjugé à la porte de l'église paroissiale de Saint-Phal, à l'issue des vêpres. » Le dimanche suivant, 14 juillet, un autre pré de trois arpents, situé à Pont-Verrier, est loué à Jean Largentier pour 149 livres, « à la porte de l'église, à l'issue de la grande messe ». Au total, la location s'élevait à 1,206 livres. Les termes des procès-verbaux nous prouvent donc qu'en juillet 1793, le culte catholique était encore célébré. Mais avec le nouveau calendrier (octobre) apparaissent les fêtes révolutionnaires.

La première mention de ces fêtes se trouve dans la délibération du 7 frimaire an II (27 novembre 1793). Il y est dit que « la fête de la décade de frimaire qui arrive samedi prochain sera délibérée et fêtée en conformité aux décrets et lois de la République ». Et la délibération est signée du curé Robin, qui était

(1) Chamoy renfermait alors plus d'habitants que Saint-Phal, c'est-à-dire 929 habitants, et Saint-Phal 781. (Communication de M. Vernier, d'après Arch. dép.)

présent, à titre de notable. On fêta la décade suivante en faisant un feu de joie des registres et papiers concernant les droits féodaux. Mais les hommes de la Révolution ne réussissent pas à imposer à toute la France le catholicisme national : les prêtres assermentés eux-mêmes se montrent indociles à leur direction. On n'accorde plus à ces derniers que la tolérance promise par la Déclaration des Droits de l'Homme (art. X). On cherche autre chose.

Le 15 brumaire an II (5 novembre 1793), Marie-Joseph Chénier demande l'établissement d'une religion laïque, celle de la patrie ; la Convention applaudit, et la loi du 17 brumaire établit le « culte de la Raison ».

Le 18 floréal suivant (7 mai 1794), Robespierre fait décréter par la Convention le culte de « l'Etre Suprême ». Les cultes nouveaux se répandent en province. A Saint-Phal, le 5 fructidor an II (22 août 1794), pour se conformer à un ordre du district d'Ervy, l'agent national Gueux requiert la municipalité de faire conduire à Ervy, « sans délai, les ornements et linge dépendant de la ci-devant église dudit Saint-Phal ». Les prêtres assermentés devaient présenter un certificat de civisme ; sur dénonciation, ils pouvaient être arrêtés et déportés. Le 18 septembre 1794, on cessa de les payer : cette mesure annonçait la séparation de l'Eglise et de l'Etat.

Le curé Robin ne fut pas inquiété. Il était populaire à Saint-Phal. Six mois après son arrivée, quand on renouvela une partie du corps municipal, le 20 novembre 1791, l'assemblée des citoyens actifs le choisit pour président. Aux élections suivantes, le 9 décembre 1792, le curé Robin présida encore l'assemblée des électeurs, et il fut élu le premier des douze notables du conseil. Il assista presque toujours aux séances. Le 7 frimaire an II (27 nov. 1793), la municipalité le désigna, avec deux autres de ses membres, pour se rendre au chef-lieu du district et s'entendre avec le directoire au sujet des réquisitions de grains.

Le 24 germinal an II (13 avr. 1794), la municipalité de Saint-Phal lui délivra un certificat de civisme, dont voici le texte (Feuille 109 du registre) :

Nous soussignés, maire, officiers municipaux, membres du conseil général de la commune de Saint-Phal, chef-lieu de canton, district d'Ervy, département de l'Aube, et l'agent national entendu, certifions que le citoyen Edme-Anne-Agathe Robin, propriétaire audit Saint-Phal, a toujours, dans tous les temps et dans le commencement de la Révolution française, prouvé, démontré publiquement par ses paroles, actions et ses faits, et partout où il s'est trouvé, un civisme et un patriotisme incontestable, qu'il s'est toujours conduit en vrai républicain, se montrant partout d'honnêteté et de mœurs les plus pures, en foi de quoi nous lui avons délivré le présent certificat après avoir entendu comme dit ci-dessus la réquisition de l'agent national, certificat accordé en vertu du décret de la Convention nationale pour servir audit Edme-Anne-Agathe Robin, ce requérant, partout où besoin sera, lequel ne lui a été accordé qu'après avoir épuré sa conduite et ses démarches depuis mil sept cent quatre-vingt-neuf, et en conséquence ledit certificat sera inscrit sur le registre de la commune de Saint-Phal, et en la maison commune de Saint-Phal, ce vingt-et-un germinal l'an second de la République, une, indivisible et impérissable, et ont signé : Gorneau, maire ; Gueux, agent ; Crespinet, Jean Bazin, L. Finot, officiers ; Bazin, D. Vivien, Jacques Coulon, Patris, J.-B. Lucas, Coquelin, N. Vivien, Largentier, notables ; Pioley, L.-F. Finot, officiers.

Plus, vu par le Comité de surveillance de la commune de Saint-Phal, le 24 germinal an II ; ont signé : Rougeon, Gravelle, Laîné, Chamoin, Lucas, Laurent, Scipiot, J.-D. Finot, — L. Finot, président.

Il serait intéressant de savoir ce qu'était devenu, à Saint-Phal, le culte catholique et dans quelle mesure était pratiqué le culte décadaire, c'est-à-dire la nouvelle religion d'Etat. Le registre de la municipalité est muet sur ces points. Mais nous sommes renseignés par la correspondance de l'agent national du district d'Ervy, conservée aux Archives départementales. Dans un rapport au Comité de Salut public, du 8 brumaire an III (29 octobre 1794), l'agent national écrit : « L'impunité et l'indulgence ont enhardi les citoyens ; ils se réunissent aujourd'hui sans obstacle et avec sécurité, et ils célèbrent toutes les fêtes et tous les dimanches par les chants consacrés à l'ancien culte... » Et le 8 frimaire suivant (28 nov.), il indique aux municipalités comment on doit célébrer les décades : « Ce jour-là, tous les citoyens réunis sous les yeux des magistrats que leur confiance a choisis, doivent entendre la lecture des décrets, des instructions qu'on fait parvenir aux municipalités, lire les nouvelles et écouter dans l'enthousiasme les récits des victoires que leurs enfants remportent sur les tyrans. Ensuite, pénétrés des bienfaits de la divinité, ils doivent lui rendre des actions de grâces et chanter des hymnes en son honneur (1) ».

(1) A Bouilly, « quelques citoyens étaient entrés dans l'église pour chanter des hymnes à l'Éternel et à la Patrie ; l'un d'eux, monté à la tribune, prêchait aux autres l'amour de la République et entonnait des chansons analogues au but de la fête. Beaucoup d'habitants des deux sexes crient au scandale..., l'insultent, lui jettent de la terre aux yeux, le forcent à fuir » ; non satisfaits, « ils se jettent sur lui dans la rue, lui arrachent les cheveux, le frappent au visage et crient qu'il faut l'exter-

Le même jour, 8 frimaire, l'agent national reproche aux maires et officiers municipaux des communes du district de n'avoir pas appliqué la circulaire du 17 brumaire précédent, qui interdisait les rassemblements dans les églises (1). « Bien loin de réprimer ces rassemblements, dit-il, vous les autorisez autant qu'il est en vous ; vous fêtez les dimanches, vous travaillez les jours que nos représentants ont fixés pour notre repos, et vous apprenez ainsi au peuple à désobéir aux lois. » Le 9 frimaire (29 nov.), il écrit au Comité de Salut public, « au sujet du fanatisme » : « Je vous avoue que le fanatisme se propage rapidement et que l'on dit des messes dans un grand nombre de communes ; cependant tout est tranquille. Ce n'est point avec de mauvaises intentions et par mépris pour les décades que le peuple se réunit les dimanches, mais par une vieille habitude trop fortement enracinée et dont il ne peut se défaire. » Avant la fin du mois suivant, le 25 frimaire an III (15 déc.), l'agent national écrivait encore au Comité de sûreté générale, pour le renseigner sur « *l'esprit public du district* » : « Les citoyens, tranquilles dans tous les temps, ont toujours obéi aux lois... On nous fait un honneur aujourd'hui de la tranquillité dont les émissaires des tyrans nous faisaient un crime... Tous les bons citoyens, et c'est le très grand nombre, aiment et chérissent la Révolution, et les autres se résignent à la volonté générale... La seule chose inquiétante est le fanatisme, et le peuple des campagnes est toujours attaché à son ancien culte ; il cherche à se réunir, mais ces réunions se font tranquillement. Il sera même très difficile de lui faire perdre cette vieille habitude aussi longtemps que de nouvelles cérémonies ne remplaceront pas celles auxquelles il tient avec tant d'obstination. » Cette dernière remarque est d'un bon psychologue. Remarquons en passant ce trait de caractère des habitants de nos campagnes, cette « tranquillité » dont ils ne se départissent que rarement. Mais le retour au culte catholique s'accusait de plus en plus ; en même temps, des pétitions étaient adressées aux administrateurs, pour la liberté du culte. « Ce que j'avais prévu est arrivé », écrit l'agent national le 9 germinal an III

miner... Quelques patriotes le tirent des mains de ces enragés et le conduisent devant le juge de paix auquel il fait sa plainte. » (Rapport du 8 brumaire an III.) C'est le seul fait de ce genre signalé par l'agent national dans le district d'Ervy.

(1) A Bouilly et à Javernant, les églises sont devenues des ateliers de la Patrie ; on y dépose les cendres et le salpêtre qui serviront à la défense nationale (V. corresp. de l'agent national). A Saint-Phal, les cendres étaient mises en dépôt dans une chambre du ci-devant château (V. reg. municip.).

(29 mars 1795); « le peuple redemande les églises, et dans quelques communes il y est déjà rentré » (il ne cite aucune commune) ; il affirme que l'exemple est venu des districts voisins, et il ajoute : « Ici, les femmes présentent des pétitions que nous ne pouvons ni approuver ni admettre, et elles paraissent décidées à rentrer de force dans l'église. » De nombreuses pétitions étaient arrivées à la Convention même : le 3 ventôse an III (21 février 1795), elle vota la liberté des cultes. Sous la pression des faits, elle en était arrivée à la séparation de l'Eglise et de l'Etat. En floréal, l'agent national constate qu'on loue les églises pour l'exercice du culte ; là où il y a deux prêtres et deux partis, on les loue plus cher, car « les riches les louent pour le prêtre insermenté ».

Il est curieux de constater que sur certains points on en était revenu aux habitudes des chrétiens primitifs : d'ordinaire, dans ces réunions qui avaient pour objet de célébrer l'ancien culte, « les citoyens faisaient les fonctions de prêtres et de chantres » (Corresp. de l'agent national, nº 1159). Mais avec le retour à la liberté, les prêtres ne manquèrent plus : car les prêtres insermentés eux-mêmes purent reprendre leurs fonctions.

Le 11 prairial (30 mai 1795), un nouveau décret donne satisfaction aux prêtres constitutionnels en rendant les églises aux communes « tant pour les assemblées ordonnées par la loi que pour l'exercice de leurs cultes (1)... ». Le 26 prairial (14 juin), le curé Robin s'adressait à la municipalité, déclarant « qu'en vertu de la loi du 11 du présent mois, relative à la liberté des cultes, il avait la volonté d'exercer les fonctions de ministre du culte catholique dans le lieu prescrit par la susdite loi, promettant une pleine et entière soumission aux lois de la République ». Quelques jours auparavant, le 6 prairial (25 mai), le curé Robin s'était fait délivrer par la municipalité un certificat de « civisme pur et incontestable ».

Dans les mêmes jours qu'il reprenait son titre de curé et l'usage de l'église, Edme Robin perdait la jouissance du presbytère (2). La municipalité de Saint-Phal y installa un instituteur.

(1) Malgré les envois faits à la Convention, il restait des cloches dans les villages. Le 19 thermidor an II (6 août 1794), l'agent national écrit que « dans la presque totalité des communes du district, les plus fortes cloches ont été conservées ». L'assemblée municipale est encore annoncée à Saint-Phal *« tant au son du tambour que de la cloche »* en floréal an II (avril-mai 1794). La municipalité reprend l'usage de la cloche le 20 fructidor an III (6 sept. 1795), pour assembler les citoyens actifs.

(2) Après le Concordat, Edme Robin dut quitter Saint-Phal et devint desservant de Davrey, en 1803. La cure de Davrey ayant été supprimée

Le 7 floréal an III (26 avr. 1795), le conseil « assemblé sur la représentation qui nous a été faite de la réception du citoyen Jean Hugot, âgé d'environ vingt ans, demeurant à la commune de Jeugny, dépendant dudit canton, d'instituteur pour l'arrondissement dudit canton et pour les communes énoncées en l'acte de la réception par le jury d'instruction du district d'Ervy en date du premier prairial du présent mois et an, qui constate, vérification faite de sa capacité par ledit jury, nous l'avons en conséquence installé et installons pour instituteur desdites communes, après avoir par lui affirmé en son honneur et conscience d'instruire tous les individus en état de l'être à lire, écrire et calculer ».

Le 14 prairial (2 juin 1795), la municipalité sommait le curé Robin, « ci-devant ecclésiastique et actuellement percepteur et marchand de bois, demeurant au ci-devant presbytère », de rendre les lieux qu'il occupait dans le délai de deux jours et de « faire faire toutes les réparations quelconques ». On y logea l'instituteur Jean Hugot.

On sentait la nécessité d'une instruction élémentaire, assurée à tous. S'ils n'ont la claire conscience de leurs droits, les citoyens cessent de les exercer. Le registre de Saint-Phal nous en donne une preuve. Nous avons vu que le 20 fructidor an III (6 sept. 1795) la municipalité de Saint-Phal convoqua les citoyens en assemblée primaire pour leur faire connaître la nouvelle Constitution, dite de l'an III. Or, l'assemblée a été « annoncée tant au son de la caisse qu'à la cloche, et les communes voisines averties, et après avoir attendu l'espace de quatre heures et qu'il ne s'y est trouvé un nombre suffisant pour tenir ycelle », la municipalité remit l'assemblée au 22 fructidor courant. Ce jour-là, l'assemblée primaire du canton de Saint-Phal accepta la Constitution, sous la présidence du citoyen Jean Lucas.

Peu d'années se sont écoulées depuis que les Français ont conquis leurs droits, et déjà ils négligent de les exercer. Leur ignorance explique leur abstention (1) : la vie toute passive des sujets ne s'apprend pas ; la vie active des citoyens libres s'apprend, au contraire.

La Révolution décréta l'enseignement primaire obligatoire et

---

en 1818, Edme Robin devint curé de Chessy, où il mourut en 1820, âgé de cinquante-sept ans.

(1) Nous avons relevé le nombre des conjoints qui ont signé leur acte de mariage dans les années 1793, 1794 et 1795. En 1793, il y a eu 10 mariages : 8 hommes ont signé et seulement 3 femmes ; en 1794, il n'y a eu qu'un mariage et l'homme seul a signé ; enfin, en 1795, il y a eu 10 mariages : ont signé 4 hommes et 3 femmes.

gratuit (29 frimaire an II — 17 décembre 1793) ; elle n'eut ni le temps ni le moyen de l'organiser. L'indifférence politique des Français ignorants rendra possible le retour de ce pouvoir personnel qui avait fait son temps et contre lequel ils se sont révoltés en 1789.

## III. La Révolution dans l'état de la propriété rurale.

Pour les habitants de nos campagnes, la trace la plus profonde, la plus durable que la Révolution ait laissée a été la transformation du régime de la propriété. Non seulement le paysan devient, à l'égal du ci-devant privilégié, le propriétaire véritable de sa terre, qui, en 1789, est affranchie des servitudes féodales ; mais il a l'occasion de l'agrandir, en acquérant des biens nationaux, c'est-à-dire les biens de l'église et des émigrés, mis en vente dans le département de l'Aube dès le début de 1791.

On ne saisira toute l'importance de cette Révolution que si on considère d'abord la condition économique que les lois de l'ancien régime faisaient au paysan propriétaire ou fermier. Au début de l'année 1789, le paysan ne possède que peu de cette terre dont il tire, avec sa nourriture, celle des privilégiés et celle des villes ; et pour la terre qu'il exploite, comme propriétaire ou comme fermier, il supporte de lourdes charges : l'impôt du roi (la taille), l'impôt de l'église (la dîme), enfin l'impôt du seigneur (le cens).

Recherchons en quelles mains était, à la veille de la Révolution, le territoire de la commune de Saint-Phal. Des 3,328 hectares 39 ares (environ 7,887 arpents) de terre qui le composent (1), combien appartenaient aux privilégiés (nobles ou assimilés) ? Combien à l'Eglise ? Combien aux paysans ?

Au début du règne de Louis XVI, le seigneur de Saint-Phal

(1) Il n'est pas superflu d'indiquer la nature de ce sol, qui appartient, dans l'histoire de la terre à la période de la craie (ère secondaire). Il fait partie de l'étage moyen, comprenant : 1° à la base, l'albien, argile grise téguline (à tuiles) mêlée par endroits d'argile sableuse ; commençant à un kilom. au sud du plateau qui porte Saint-Phal, ce terrain forme une plaine imperméable (étangs) peu propre aux cultures, couverte de pâturages et surtout de bois (un tiers du finage) ; 2° au milieu, le cénomanien, craie marneuse, mais perméable, qui constitue le plateau de Saint-Phal jusqu'au nord de la route de Troyes ; 3° au sommet, le turonien, sur les pentes de la falaise d'Othe, vers la limite nord du finage : craie moins marneuse, plus blanche, plus sèche. La partie qui est au nord de la route de Troyes forme un sol maigre, où sont des friches, des « perrières » ou carrières de craie (encore 21 arp. en friche en 1842, d'après le tableau statistique de Degois).

était le marquis de Créquy, brigadier des armées du Roi, premier maître d'hôtel de Madame ; il était en même temps seigneur de Mâchy. La terre de Saint-Phal et Mâchy appartenait à la marquise, née Du Muy.

Outre le château, situé à Saint-Phal, on y comptait cinq fermes : la ferme de la Recette, la ferme de la Motte-Philippe, la ferme du Pont-au-Verrier, la ferme de Bois-Guerry et la maison du jardin du Sauvoy, finage de Saint-Phal ; enfin, la ferme de Mâchy, le moulin et la maison de Mâchy. Il y avait 2,000 arpents de bois. Le sieur Truelle, chargé d'affaires du marquis, avait loué, par bail de 1772, lesdites terres pour 11,000 livres, et les sous-louait aux cultivateurs du pays. Il avait à sa charge le paiement des vingtièmes, qui s'élevaient à 1,045 livres pour Saint-Phal et 137 livres pour Mâchy, total 1,182 livres, et le paiement de 2,640 livres de rentes viagères à diverses personnes. « *Le seigneur s'est en outre réservé les rentes en avoine, les censives, les lods et ventes qui forment, depuis le gain de son procès contre les habitants, un objet estimé, au dire de quelques habitants qui n'ont pas été du procès, d'environ 2,400 livres, mais que par ménagement et pour ne pas porter les choses à la rigueur, on ne tirera en produit que pour moitié, faisant 1,200 livres.* » (Extrait d'un Mémoire du Directeur des vingtièmes qui, en 1778, estime qu'il y a lieu de porter de 10,750 livres à 16,022 les revenus du marquis soumis aux vingtièmes, c'est-à-dire d'accroître les vingtièmes de 541 livres. Avec cette augmentation, le seigneur de Saint-Phal devait à l'Etat 1,182 + 541 = 1,723 livres de vingtièmes, ou 1,520 livres pour ses propriétés de Saint-Phal. Arch. dép., C. 1743.)

Le marquis de Créquy étant mort, sa veuve vendit la seigneurie de Saint-Phal, le 16 juin 1785, à Jacques Corps (1), qui avait

(1) Nous avons dû rechercher l'acte de vente. D'après un Mémoire de Jacques Corps, écrit en l'an IV, « le bien de Saint-Phal et Crésantignes (25 arpents) a été acquis par contrat devant Guillaume Le Jeune, le 16 juin 1785, à Paris, moyennant 302,000 livres ». Ce contrat de vente se trouve à l'étude de M. de Meaux, qui a bien voulu nous permettre de le consulter. La terre et marquisat de Saint-Phal comprenait : 1° le château et les dépendances, 7 arp. 1/2 ; 2° la place du Châtellier, devant l'église de Saint-Phal, 4 arp. 40 c. ; 3° 442 arp. de bois, plantages, pépinières ; 4° 17 arp. 1/2 de vignes ; 5° 76 arp. 1/2 de prés ; et 6° 260 arp. de terre (ferme de la Basse-Cour du château, ferme des Abbayes et des Croteurs, ferme du Pont-au-Verrier, ferme du jardin du Sauvoy, terre des Brosses) ; en tout 708 arp. environ sur le finage de Saint-Phal.

L'acte de 1785 mentionne des exceptions de vente. Le terrier de Saint-

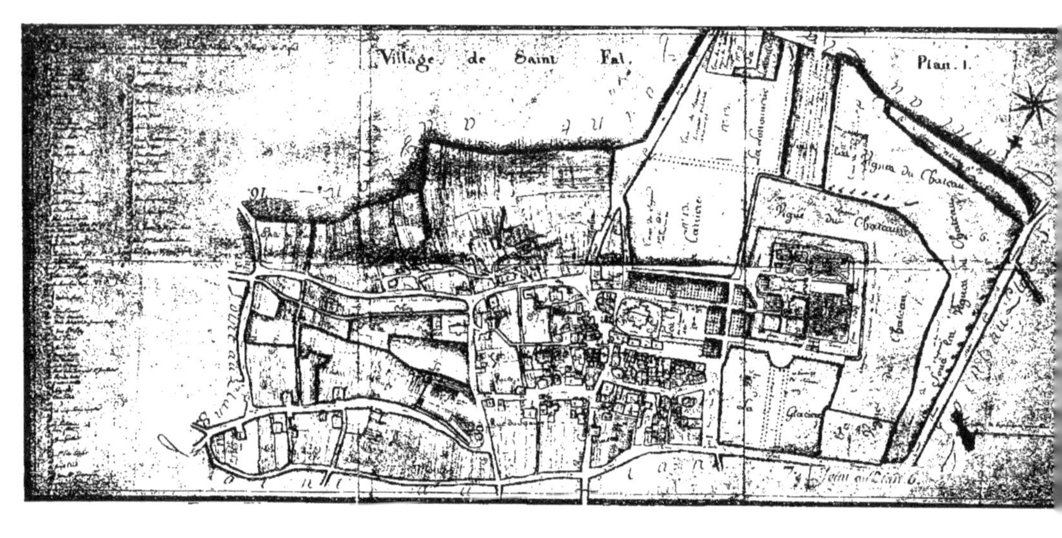

Village de Saint Fal.
Plan. 1.
Vignes du Chateau
Chateau
Glacis
Joint au Plan 6.

épousé Madeleine Dessain. Corps acquit « le domaine de Saint-Phal avec toutes ses dépendances, qui consistait en terre, seigneurie et marquisat, avec haute, moyenne et basse justice, domaines, droits, cens, rentes, terrage, château, grande cour, basse-cour, colombier, et autres bâtiments, terres, prés, vignes, bois, broussailles, buissons et rivière », pour la somme de 300.000 livres. Jacques Corps, au moment de la Révolution, était conseiller du roi en son grand Conseil. Il possédait une maison à Troyes, rue des Quinze-Vingts. Il ne cessa d'y résider, avec sa femme et sa fille Geneviève ; mais ses deux fils, Armand et Gabriel, quittèrent la région et furent considérés comme émigrés. Pour ce fait, Jacques Corps était atteint par la loi du 9 frimaire an III, qui partageait les biens des émigrés ou des parents d'émigrés entre la République et leurs héritiers naturels. On avait posé les scellés au domicile de Corps les 24 et 29 frimaire an II (14 et 19 déc. 1793), à la ville et à la campagne ; on fit plusieurs inventaires de ses biens. (Voir, aux Archives départementales, le procès-verbal du 23 juin 1792.) Le tableau, dressé à la fin de l'an III pour la liquidation de la fortune de Jacques Corps, donne un total de 560,000 livres pour les biens et rentes, passif déduit ; on y trouve le détail des biens-fonds pour le domaine de Clérey, mais non pour celui de Saint-Phal.

Nous pouvons donner avec plus de précision encore le total et le détail des biens-fonds possédés à titre de bénéfice par les ecclésiastiques, corps ou communautés religieuses, grâce à un état dressé le 10 octobre 1787 et conservé aux Archives de l'Aube (C. 1744). Les biens de l'église comprenaient en tout : huit maisons sans compter le presbytère, 5 arpents 87 cordes 1/2 d'accins, 470 arpents 3 cordes de terre, 107 arpents 9 cordes de prés, 1 arpent de vigne, 400 arpents de bois. Ces biens produisaient 3,297 livres 13 sols suivant les évaluations des biens-fonds, ou 6,919 livres suivant les baux.

---

Phal, qui était achevé en 1776, attribue au seigneur (M. de Créquy) 524 arp. 1/4 de biens ; mais il ne comprend pas les grandes pièces de bois : il n'en mentionne que 18 arp. 1/2 sur 2,000 environ que possédait le marquis, propriétaire en réalité de 2,505 arp. 72 c. sur le finage de Saint-Phal, presque le tiers du sol. Ce tiers représente bien la propriété noble du finage de Saint-Phal, car aux biens du marquis de Créquy, il faut ajouter, d'après le terrier, 101 arp. 1/2 appartenant au marquis de Chamoy (terres et prés), 3 arp. dépendant de la seigneurie de Mâchy, 5 arp. 1/2 (terre et vigne) appartenant à Camusat de Riancey ; ce qui donne un total de 2,615 arp. (au lieu de 2,630, qui est le tiers du finage) ; mais nous avons négligé quelques petites parcelles (60 cordes de vigne à M. de Villebertin, etc.).

Le plus gros propriétaire était le bailli de Suffren, commandeur de Troyes pour l'ordre de Malte : il possédait quatre corps de ferme avec une tuilerie formant la commanderie du Perchois, une ferme à Forêt-Chenu (1), 406 arpents 3 cordes de terre en diverses contrées, 51 arpents de prés et 1 arpent de vigne, enfin 400 arpents de bois et 7 étangs. Le revenu de ces biens était évalué à 4,660 livres suivant les baux.

Les autres étaient :

Mme de Montmorin, abbesse de Notre-Dame-aux-Nonnains de Troyes, qui possédait 21 arpents de prés, produisant 210 livres de revenu ;

Le Prieur de Saint-Phal, Morissot de Céris, qui, outre la dîme, possédait deux maisons, 75 cordes d'accin, 39 arpents de terre et 3 arpents 62 cordes de prés, produisant 745 livres de revenu ;

Les Religieuses Ursulines de Troyes, qui possédaient 12 arpents de terre et 4 arpents 50 cordes de prés, avec un revenu de 210 livres ;

Les Hôpitaux de Troyes, qui possédaient 8 arpents de terre et 2 arpents de prés, avec un revenu de 110 livres ;

Le Chapitre de Saint-Urbain de Troyes, qui possédait 1 arpent de terre et 3 arpents de prés ;

La fabrique de Saint-Phal, qui outre l'accin de la cure (12 cordes 1/2) et une maison occupée par le maître d'école, possédait 16 arpents 75 cordes de prés, produisant 500 livres ;

Le desservant de Chamoy, Chevalet, qui possédait 4 arpents de terre, produisant 24 livres ;

Enfin, la fabrique de Javernant, qui possédait sur le finage de Saint-Phal 2 arpents 22 cordes de prés, produisant 80 livres.

Or, cet état, si précis dans la forme, est, au fond, inexact ou incomplet. Il a été certifié « véritable » par Truelle, le « commissaire de Saint-Phal », qui l'a écrit à Troyes le 10 octobre 1787. Lui aurait-on laissé ignorer une partie des titres ? Quoi qu'il en soit, les chiffres que donne cet état restent en général au-dessous de ceux qu'on obtient en totalisant les ventes des biens nationaux.

Nous avons constaté, en comparant les uns avec les autres, que pour le Prieur de Saint-Phal, les Ursulines de Troyes et le

(1) Le territoire labourable de Forêt-Chenu est fort ingrat, c'est pourquoi l'arpent de terre y est estimé 20 sous de revenu, au lieu de 2 livres pour les terres ordinaires et 10 livres pour les accins. De la ferme du Commandeur dépendaient 60 cordes de ces mauvaises terres.

Commandeur de Malte, on a réellement vendu autant de biens ou à peu près que l'état de 1787 en indique; mais pour les autres propriétaires, sauf pour la fabrique de Chamoy, il faut majorer le premier chiffre; ainsi, on a :

Pour l'abbesse de Notre-Dame-aux-Nonnains, 51 arp. 65 c. au lieu de 21 arp.;

Pour le chapitre de Saint-Etienne, 19 arp. au lieu de 4;

Pour la fabrique de Saint-Phal, 28 arp. 49 c. au lieu de 17;

Pour la fabrique de Javernant, 3 arp. 23 c. au lieu de 2; ces chiffres s'accordent mieux avec ceux que donne Louis Auger, commissaire du département pour l'estimation des biens nationaux, dans l'état qu'il dresse pour Saint-Phal, le 20 décembre 1790; mais cet état ne comprend pas les biens du commandeur du Perchois (ordre de Malte).

Enfin, l'état de 1787 oublie de mentionner : 1° 7 quartiers et demi de prés, appartenant à la fabrique des Granges, et 2° 4 arp. de prés appartenant à l'abbaye de Montier-la-Celle.

En résumé, d'après les actes de vente des biens nationaux, l'église possédait, sur le finage de Saint-Phal, 1,037 arp. 57 cordes de biens, dont 524 arp. de terres, 113 arp. de prés; 2 arp. 36 c. de vigne, et 439 arp. de bois, broussailles et étangs, appartenant au commandeur de Malte; sur un total de 7,887 arpents, cela représente environ le 1/7e du sol. Cette proportion paraît se tenir au-dessous de la moyenne de la France (environ 1/4 du sol?); d'ailleurs, elle variait beaucoup d'un village à l'autre. A Fays, qui dépendait de la paroisse de Saint-Phal, sur un petit finage de 138 arp., l'abbesse de Notre-Dame-aux-Nonnains et le chapitre de Saint-Etienne en possédaient 104, c'est-à-dire les 4/5es du sol; il n'en restait que 1/5e aux habitants. Il faut ajouter que l'abbesse avait le titre et les droits du seigneur de Fays.

Nous avons déterminé avec assez de précision la part des privilégiés, soit 2,615 arp. aux nobles et 1,037 à l'église, total : 3,652 arp., ou presque la moitié du finage de Saint-Phal, la moitié étant de 3,943 arp. Le reste, ou 4,235 arp., était propriété roturière.

En quelles mains se trouvait-elle en 1789?

D'après le rôle de la taille dressé en 1739, c'est-à-dire cinquante ans avant la Révolution, les biens propres exploités par les propriétaires de Saint-Phal consistaient en : 135 arpents 50 c. de bonne terre, 127 arpents 32 c. de mauvaise terre, 5 arp. 79 c. de chenevière, 84 arp. 40 c. de vigne, 1 arp. 90 c. de bon pré,

55 arp. 15 c. de pré médiocre et 15 arp. 29 c. de mauvais pré; au total 425 arp. 35 c. sur 7,887 arpents, soit environ le dix-huitième du finage ; ils exploitaient, de plus, des biens loués aux nobles, à l'église et aussi à des bourgeois de Troyes (1). En tout, ils labouraient 1,340 arpents de terre, sans les chènevières. Un demi-siècle plus tard, en 1789, ils n'en possèdent peut-être pas beaucoup plus, car leurs charges ont augmenté, leur laissant peu d'argent pour acquérir, et ils ne peuvent modifier d'eux-mêmes le mode d'exploitation du sol, par exemple détruire une vigne ou une chènevière. D'ailleurs, ne lit-on pas dans l'état de 1787, rappelé au début de cette étude, au sujet des laboureurs de Saint-Phal : « Il n'y en a point qui ne fassent valoir le bien étranger, avec le peu qu'ils ont. » D'après le même état, ils labouraient 1,281 arpents et 25 cordes de trois saisons, à peu près le même chiffre qu'en 1739.

Nous pouvons donc nous en tenir au rôle de la taille de 1739, les rôles plus récents étant moins précis, pour évaluer ce que possédaient les habitants de Saint-Phal : ils exploitaient 1,348 arp. de terres et chènevières, dont 268 arp. 1/2, c'est-à-dire le cinquième leur appartenant en propre; ou bien, en comptant les vignes (95 arp.) et les prés (233 arp.), ils exploitaient 1,676 arp., dont 425 ou le quart était leur propriété. Or, cela ne représente qu'un peu plus du 1/5e du finage ou près du tiers, si l'on retranche les bois (2,440 arp.), les étangs et les friches. Qui donc possédait, avec les privilégiés, et qui exploitait les deux autres tiers, c'est-à-dire les 3,650 arpents restants ? (2) Le terrier de 1776 nous donne la réponse : on y voit que le finage est très parcellé au nord et au centre (sauf la plupart des terres des seigneurs et une partie de celles de l'église), que la plupart des parcelles du nord-ouest appartiennent à des habitants de Sommeval, de Chamoy, de Montigny et de Javernant ; celles du nord-est à des habitants de Javernant, de Crésantignes, de Fays; plusieurs parcelles de l'est à des habitants de Jeugny.

(1) Biens que ces mêmes propriétaires cultivateurs louent à d'autres propriétaires : 525 arpents 93 cordes de bonne terre et 551 arp. 22 c. de terre mauvaise; 2 arp. 53 c. et demi de chènevière ; 10 arp. 80 c. de vigne ; 15 arp. 77 c. de bon pré ; 81 arp. 48 c. de pré médiocre ; 63 arp. 72 c. de mauvais pré. (Arch. dép., C. 1743.)

(2) Les bois mis à part, les nobles possédaient 615 arpents de biens et l'église 600 arp., situés presque tout entiers dans la région moyenne du finage, la plus fertile ; si les habitants de Saint-Phal n'en possédaient eux-mêmes que 500 arp. à peine en 1789 (425 en 1739), il en restait environ 2,500 arpents, propriétés des habitants des villages voisins ou des bourgeois de Troyes. Mais ces 2,500 arp. étaient en très grande partie situés dans le sol le plus maigre du finage, c'est-à-dire au nord.

Cet état de choses s'explique par la grande étendue du finage de Saint-Phal, alors que le sol cultivable est plutôt restreint sur les finages voisins. Enfin, plusieurs habitants de Troyes possédaient d'importantes parcelles de vigne sur Saint-Phal. De nos jours encore, les habitants de Saint-Phal possèdent à peine un tiers de leur finage.

### Les Impôts ou Charges du Propriétaire rural non privilégié

Pour les biens-fonds qu'il exploite, biens propres ou biens qu'il loue aux privilégiés, quelles charges supportent les habitants de Saint-Phal ?

*a) L'impôt du roi.* — Au roi le paysan devait, à la veille de la Révolution, l'impôt foncier sous deux formes : 1° la *taille*, qui, avec les accessoires, la capitation et la corvée, s'élevait, en 1787, pour la communauté de Saint-Phal, à 4,719 livres et 6 sols, c'est-à-dire plus du tiers du revenu réel (36 o/o), d'après le cahier de doléances. Le sixième de cette somme, soit 765 livres 12 sols, représentait la corvée qui, depuis peu, avait été convertie en contribution en argent; néanmoins, on continuait d'exiger des habitants un travail au moins égal en valeur à cette imposition, de sorte qu'ils payaient deux fois la corvée, en argent et en travail, et l'administration laissait les chemins en mauvais état ; 2° les *vingtièmes*, sorte d'impôt sur le revenu, dont le rôle montait à 3,449 livres 4 sols; les privilégiés avaient réussi à se faire dégrever en partie de cet impôt, qui restait surtout à la charge des roturiers. A Saint-Phal, le marquis de Créquy payait environ 1,500 livres de vingtièmes ; si l'on considère que d'autres nobles possédaient des biens sur Saint-Phal, on peut évaluer à 1,900 livres les vingtièmes payés sur le total par les non privilégiés.

*b) L'impôt de l'église.* — A l'église, le paysan devait la dîme, qui, pour Saint-Phal, s'élevait à 1,290 livres, c'est-à-dire environ le dixième du revenu réel, que nous avons évalué à 13,200 livres. Le décimateur, le prieur de Saint-Denis, était un des gros propriétaires de la paroisse de Saint-Phal, où il possédait 106 arp. 75 c. de terre et 21 arp. 30 c. de prés. Il avait sa résidence à Paris. Son fermier, Jean Lucas, lui payait 3,000 livres en argent par an. Et il négligeait sans doute les devoirs d'assistance qui étaient la raison d'être de la dîme ; on n'en trouve nulle mention dans les documents que nous avons consultés.

*c) L'impôt du seigneur.* — Enfin, l'habitant de Saint-Phal supportait, au profit du seigneur, divers impôts connus sous le nom de « droits féodaux ». Voici quels étaient, d'après l'acte de vente de 1785, les droits attachés au marquisat de Saint-Phal :

1° Droits de haute, moyenne et basse justice, gruerie (1), aubaines, épaves, confiscation, amendes et autres droits ;

2° Droits de gruerie (2) dans toute l'étendue du bailliage de Saint-Phal ;

3° Droits de tabellionnage (3) ;

4° Droits de déshérence, de bâtardise, d'épaves, aubaines, et confiscations et amendes ;

5° Droits de chasser et faire chasser ;

6° Droit d'avoir colombier ;

7° Droits de donner et faire donner le ban des vendanges ; de fixer l'ouverture de la fauchaison et des moissons ;

8° Droits de corvée, de guet et gardes ;

9° Droits de foires et marchés, de minage (4) et mesurage de tous les grains, de visiter et faire visiter les balances, mesures, et de les faire étalonner ;

10° Droits de banc et étaux de banvin (5) ;

11° Droits de relief (6), rachat, quint, requint et tous autres droits féodaux ;

12° Droit de prélation (7) des héritages qui sont en fief ;

13° Droit de roise dans tout le marquisat ;

14° De pêche dans la rivière de la Trémagne, et tous les noues, fontaines, ruisseaux ;

15° Une perrière de pierres blanches, appelée la perrière des Brosses.

Dans cette énumération des droits du marquisat manque le droit de cens, rente foncière « en argent, froment, avoine, poule, poulets, chapons », supporté par les habitants de Saint-

---

(1) Juridiction inférieure qui prononçait sur les délits forestiers. (Chéruel, *Dict. des Institutions.*)

(2) Droit perçu sur toutes les ventes de bois qui avaient lieu dans ledit bailliage. *(Id.)*

(3) Droit d'instituer des tabellions (notaires) pour dresser des actes dans l'étendue de la seigneurie. *(Id.)*

(4) Droit prélevé sur la mine de blé pour le mesurage (mine = 78 litres 73).

(5) Droit d'autoriser la vente du vin ; le seigneur prélevait un impôt sur cette vente. (Chéruel, *id.)*

(6) Droit que l'on payait au suzerain ou seigneur lorsqu'un fief passait par héritage à une branche collatérale ; c'était une sorte de droit de mutation, comme le quint (cinquième partie du prix du fief vendu) levé par le seigneur à chaque vente d'un fief qui relevait de ses domaines. *(Id.)*

(7) Droit qu'a le seigneur de refuser l'investiture à l'acquéreur d'un fonds noble ou roturier situé dans son domaine féodal, et de retenir le fonds pour lui en en remboursant le prix à l'acquéreur. *(Gr. Encycl.*, éd. Panckouke, Jurisp.)

Phal pour une partie de leurs immeubles ; de plus, le seigneur percevait les lods et ventes (sorte de droit de mutation) chaque fois qu'un héritage soumis au cens changeait de mains (somme égale au douzième du prix, en général (1).

On trouve, dans le registre municipal que nous avons analysé, la liste des propriétaires soumis au cens ; elle fut établie à la suite d'une délibération de la fin de mars 1794 :

Ce jourd'hui trente ventôse an second de la République française une et indivisible, nous, maire et officiers municipaux de la commune de Saint-Phal, l'agent national joint, assistés de notre greffier ordinaire, nous nous sommes assemblés à l'effet de recevoir les déclarations des citoyens qui possèdent des biens où les ci-devant seigneurs avaient des droits...

Se sont présentés ce même jour ou les jours suivants (fin mars 1794) tous les cultivateurs possédant des terres soumises au cens :

1° Le maire Jean Gorneau, qui, avec Jacques Gravelle, meunier de Trémagne, devaient annuellement au seigneur la somme de 265 livres en argent et 20 sols de censive et 6 chapons, *« par bail emphytéose annuelle et perpétuelle, en date du 8 mai 1727 »;*

2° Louis François et Louis Guiard, pour un fermage à Trémagne, doivent, en vertu d'un bail à cens de 1727, la somme de 220 livres 20 sols et 5 chapons, qu'une transaction, intervenue en 1778, a remplacée par 100 boisseaux de blé et 4 chapons ;

3° Louis François doit en outre chaque année, au seigneur, par bail à cens de 1770, une rente de 6 boisseaux de blé pour un terrain vague à la Motte-Philippe ;

4° Louis Guiard, pour une place de 4 cordes de terrain sise proche de sa maison, doit au seigneur, chaque année, 3 boisseaux de blé, un denier de censive, un boisseau d'avoine et un chapon ;

5° Jean-François Drouot, conjointement avec Louis Houzelot, Louis Roy et les héritiers d'Edme Raout, doivent au seigneur, en vertu d'un bail à cens de 1727, la somme de 230 livres 20 sols et 6 chapons ;

6° Nicolas Fromonot, par bail à cens de 1728, et pour *un arpent de terre en deux pièces*, doit annuellement au seigneur 5 livres et un chapon ;

7° J.-B. Berthier, par bail à cens de 1728 et pour trois arpents de terre, doit au seigneur 13 livres 10 sols de censive et 3 chapons ;

8° Louis Auger, en vertu d'un contrat de 1726, doit *« le tiers de la moitié d'une rente annuelle et perpétuelle de douze livres de rente, cinq sols de censives et 3 chapons »*, ce qui fait pour sa portion 40 sols 10 deniers et moitié d'un chapon ;

(1) V. la déclaration de Jacques Corps, à la page 72 (ainsi que la page 55).

9° Jean Scipiot, Edme Maître et Marguerite Scipiot, veuve de Jean Gauthier, par contrat à cens de 1726, doivent au seigneur onze livres 5 sols en argent, un sol de censive et 2 chapons;

10° Edme Patris « déclare qu'il paie 4 livres 10 sols de rente, un sol six deniers de censive et un chapon au citoyen Corps, par chacun au jour de fête de S^t Martin d'hiver, d'un arpent de terre à lui vendu, sur le finage de Saint-Phal, par Antoine Gauthier et Marguerite Finot, sa femme, par acte du citoyen Auger, et son confrère (Vivien) à S^t-Phal; — et a déclaré devoir deux années échues à la S^t-Martin dernière »;

11° Étienne Haillot l'aîné, pour avoir acquis le 13 janvier 1789, de Antoine Gauthier et de Marguerite Finot sa femme, « *un demi-arpent de terre faisant partie d'une plus grande pièce provenant du ci-devant seigneur et donnée à bail à cens perpétuel* », paie à la S^t-Martin d'hiver « *la somme de 46 sols et moitié d'un chapon de dix sols* ».

12° Edme Gueux, J.-B. Brun et autres héritiers, par bail à cens de 1726, doivent au seigneur une somme de 6 livres de rente et 5 sols de censive, et un chapon et demi.

Au total, les cultivateurs de Saint-Phal, pour des propriétés qu'ils ont héritées ou acquises, doivent à leur seigneur, chaque année, une somme de 767 livres 42 sols, plus 9 boisseaux de blé, 1 boisseau d'avoine et 27 chapons et demi : ce chiffre ne représente guère que le tiers du total des droits féodaux, dont les principaux, c'est-à-dire « les rentes en avoine, censives, lods et ventes s'élevaient à environ 2,400 livres (*Mémoire* du directeur des vingtièmes en 1778). Cette évaluation est modérée, si on l'adopte pour l'ensemble des droits féodaux (1).

Un historien de la Révolution, Taine, a estimé que le propriétaire taillable, à la fin de l'ancien régime, donnait au total 81 fr. 71 c. sur 100 francs de revenu net pour l'impôt direct royal, la dîme ecclésiastique et les droits féodaux (*L'Ancien Régime*, note 5, page 543). A Saint-Phal, pour ces divers impôts, le paysan propriétaire donnait 79 francs sur 100 francs de revenu net, soit les 4/5^e, ou 10,400 livres sur un revenu net de 13,200 livres. De nos jours, en moyenne, au même paysan propriétaire, l'impôt direct ne prend que 25 o/o ou environ un quart de son revenu net (2), et il a à sa disposition de bons chemins, un service commode de postes, télégraphes et téléphones,

(1) Les droits féodaux rapportaient en réalité davantage (V. page 72, *Mémoire* de Corps).

(2) Il est intéressant de comparer les impôts directs payés par la communauté de Saint-Phal en 1789 avec ceux qu'elle paie de nos jours. En 1789, la population non privilégiée qui possédait sur le finage de Saint-Phal 4,235 arp. de biens-fonds (un peu plus de la moitié), payait à l'État au moins 6,600 livres d'impôts directs, et aux privilégiés environ 3,800 livres, au total 10,400 livres, ce qui, en monnaie actuelle, ferait 10,400

enfin des écoles pour ses enfants, — toutes choses qui manquaient en 1789.

De plus, il faut remarquer que le cultivateur ne tirait pas de ses terres, en 1789, d'aussi bonnes récoltes qu'aujourd'hui. L'Assemblée provinciale de Champagne ayant demandé, après la moisson de l'année 1789, un état comparé des récoltes des années 1788 et 1789, la municipalité de Saint-Phal fournit un état dont le double est conservé aux Archives départementales (C. 1743). On y lit :

Produit commun d'un arpent de terre de 100 perches, récolté en froment ou en seigle :

1° En froment : En 1788, deux cents gerbes qui ont produit 252 livres de grains, et en 1789, cent gerbes, qui n'ont produit que 108 livres de grains ou 144 livres pesant en grains de moins qu'en 1788 ;

2° En seigle : En 1788 et de même en 1789, le seigle n'a produit que de l'ivraie qui n'a pas seulement mérité la récolte.

Suit un aperçu détaillé des récoltes en 1789 :

En froment : un quart d'année commune ;
En seigle : rien ;
En orge : moitié d'année ordinaire ;
En grain de mars : moitié ou demi-année ;
En foins : moitié ou demi-année et en mauvais fonds ;
En chanvre (1) : un tiers d'année ;
En fruits : il y a ici très peu d'arbres à fruits ;
En vin : rien, tout est pris par le mauvais temps ;
En cidre : rien.

En résumé, en 1789, le finage de Saint-Phal n'a pas produit de quoi nourrir ses habitants la moitié de l'année, et s'ils n'étaient secourus pendant l'année prochaine des autres paroisses, la misère y serait excessive, d'autant plus encore que l'on a vendu tous les greniers pour conduire au marché de la ville de Troyes. En sorte que cette paroisse, plus que toute autre, mérite l'action bienfaisante du gouvernement pour prévenir la misère qu'elle est prête d'essuyer.

A Saint-Phal, le 20 septembre 1789.

---

× 2,85 = 29,640 francs (la livre de 1789 ayant un pouvoir d'achat égal à celui d'environ 3 francs de notre monnaie, ou plus exactement 2 fr. 85). — En 1910, l'ensemble des propriétaires de Saint-Phal, pour tout le territoire, ou 7,887 arp., doivent en principal des 4 contributions directes, 8,789 fr 45, et avec les centimes généraux, départementaux, communaux et la taxe vicinale, la somme totale de 27.729 francs. (Renseignements communiqués par M. le percepteur d'Auxon.) Inutile d'ajouter que le rendement du sol est bien supérieur à ce qu'il était à la fin de l'ancien régime.

(1) En 1739, c'est-à-dire cinquante ans avant la Révolution, il y avait à Saint-Phal huit arpents et trente-deux cordes de chènevières.

Telles sont les charges énormes, vexatoires (si on ajoute la gabelle du sel et les aides des boissons) que supporte, en 1789, le paysan de France. Et c'est avec des récoltes très variables en quantité et en qualité, souvent déficitaires, qu'il doit y faire face !

Aussi, quel immense espoir de soulagement, de prochaine délivrance dut animer les paysans de Saint-Phal quand, en mars 1789, on les appela à dire leurs doléances, à formuler leurs vœux !

Les élections eurent lieu presque aussitôt. Le 5 mai, les Etats généraux se réunissent à Versailles. Le 14 juillet, la Bastille est prise. La victoire du peuple de Paris enhardit les paysans, las de souffrir : sur plusieurs points, ils se jettent sur les châteaux, s'emparent des titres qui fondent les droits féodaux et les brûlent. C'est la « Grande Peur », qui paraît avoir épargné la région de Saint-Phal. Les habitants de ce village, de même que leurs voisins, attendent dans le calme les décrets de l'Assemblée.

Dans la nuit du 4 août, elle abolit les privilèges, et par le décret du 11 août, elle déclare « détruire entièrement le régime féodal ». Parmi les droits du seigneur, certains étaient abolis sans indemnité (1) ; mais les droits purement fonciers étaient simplement déclarés rachetables. On continue de les exigér. Nos paysans, naturellement tranquilles, perdent enfin patience : en 1792, ils se révoltent à leur tour, et en septembre, ayant à leur tête leurs magistrats municipaux, ils se rendent à Saint-Phal, à Chamoy, et réclament, pour les détruire, les titres des droits du seigneur.

Jacques Corps, seigneur de Saint-Phal, s'était retiré à Troyes. En son absence, et dans les derniers jours du mois de septembre 1792, « des voies de fait furent commises sur ses propriétés par les habitants de Saint-Phal », qui réclamaient « ses censives et titres de féodalité ». Jacques Corps s'en plaignit aux « citoyens administrateurs du Conseil général du département ». L'administration envoya à Saint-Phal le citoyen Chaperon, avec mission de rappeler à la municipalité « qu'elle était chargée de faire exécuter les lois concernant la sûreté des personnes et des propriétés ». Le sieur Chaperon rédigea plu-

(1) Par exemple le droit de chasse. Avant 1789, le paysan ne pouvait posséder un fusil sans l'autorisation du seigneur. Aussi n'était-il guère protégé contre les loups. Ils étaient plus nombreux que de nos jours. En 1792, Jean Chuchu, voiturier demeurant au Pont, paroisse de Saint-Phal, eut une jument étranglée par les loups dans la nuit du 27 mai, et un cheval le 8 juin. (V. Registre municipal.)

sieurs procès-verbaux « des opérations qui lui étaient confiées », à la suite desquels le Conseil général prit un arrêté le 29 novembre 1792, et le transmit aux administrateurs du district d'Ervy.

Le directoire d'Ervy a rédigé un long Mémoire sur ce fait, le 11 novembre 1792 ; il existe aux Archives du département (Lm. 317). Nous en donnons une analyse avec quelques extraits.

Le citoyen Chaperon adressa successivement quatre procès-verbaux aux administrateurs du district d'Ervy. Dans le premier, du 26 septembre, il dit que s'étant transporté à Saint-Phal, ce même jour, il a donné lecture de sa commission aux maire et procureur de la commune ; ces derniers lui ont répondu « qu'il fallait que le sieur Corps vînt et remît ses titres pour être brûlés, ou bien qu'on jetterait sa maison à bas ». Et le sieur Chaperon déclare qu'il « n'a pu parvenir à ramener les esprits tant dudit maire et dudit procureur de la commune, que de beaucoup d'autres personnes qui se trouvaient avec eux chez le nommé Largentier, cabaretier ».

Dans le second procès-verbal, daté du 27 septembre, le sieur Chaperon, qui s'est transporté au domicile du sieur Corps, constate :

1° Qu'on a arraché sur la place toutes les haies qui entouraient un plantage d'ormes, rempli les fossés qui défendaient les haies et arraché la haie vive que la morte garantissait » ; cette « pièce d'héritage », appelée la Carrière, avait été plantée d'ormes, trente ans auparavant, par le sieur Du Muid, ancien propriétaire dudit domaine (1) ; le sieur Corps en avait joui paisiblement depuis 1785, ainsi que d'une place non entourée où se tenait la foire et où se trouvaient des ormes très anciens provenant de la même plantation faite par ledit sieur Du Muid ; 2° Qu'on avait élagué lesdits ormes entourés desdites haies, et que des branches on en avait fait des fagots ; — que plusieurs citoyens avaient dit que c'était la municipalité qui avait fait élaguer lesdits arbres, fait faire lesdites bourrées et les vendait à leur profit ; 3° Qu'étant entré dans la cour de ladite maison, il a aperçu qu'au levant d'icelle, sur la main gauche, on avait arraché une pierre avec environ six pieds de la balustrade de fer.

Dans le troisième procès-verbal, daté du 29 septembre, le sieur Chaperon déclare que « sur les inquiétudes que lui avaient données les incursions faites par les habitants d'Auxon et autres chez le citoyen Rousseau de Chamoy, qui avait été forcé de leur remettre ses titres et papiers (2), il s'était de nouveau

(1) Du Muy avait arraché et vendu à son profit d'anciens ormes qui occupaient ces places.

(2) Le sieur Rousseau, marquis de Chamoy, avait, le 28 septembre 1792,

rendu à Saint-Phal pour rappeler aux habitants et aux officiers municipaux qu'ils ne devaient point attenter à la sûreté des personnes ni des propriétés ».

Dans le quatrième procès-verbal, rédigé le 30 septembre « à l'issue de la grande messe de Saint-Phal », le sieur Chaperon expose « qu'il s'est transporté à une assemblée convoquée en la maison du curé dudit lieu, qu'il y a trouvé le maire et le procureur de la commune auxquels il a témoigné ses inquiétudes relatives au sieur Corps ». Ces derniers lui ont répondu « qu'ils avaient envoyé un exprès à Troyes lui porter une lettre pour le prévenir que s'il ne venait pas le lendemain lundi audit Saint-Phal leur remettre ses titres, ils enverraient dans les communes voisines pour les faire réunir à eux et jeter sa maison à bas, qu'ils voulaient avoir ses titres pour les brûler ». Ils répètent qu'ils veulent avoir les titres de censives et terriers, à quoi ledit Chaperon répond qu'ils doivent les demander légalement, Il leur propose de revenir le jeudi suivant avec le sieur Corps, qui les leur remettra et on dressera procès-verbal ; alors « ils se sont mis à crier qu'ils s'en f..., que c'était ce qu'ils ne voulaient pas faire, qu'ils voulaient qu'il ne restât rien contre eux, et qu'il fallait que ledit Corps leur donnât une reconnaissance

---

remis des titres, relatifs aux droits féodaux, aux officiers municipaux de Chamoy et de Saint-Phal ; le fait est relaté dans le registre de la municipalité de Saint-Phal, où on lit, feuille soixante : Reconnaissance du sieur Rousseau, marquis de Chamoy : « Je soussigné, reconnais qu'en vertu de la loi du 7 septembre présent mois, à la réquisition de Messieurs les officiers municipaux de Chamoy et Saint-Phal et des deux communautés réunies, je leur ai remis tous les titres et papiers relatifs au terrier et droits ci-devant féodaux, déclarant que s'il en reste quelqu'uns en ma jouissance sans que je les connaisse, je les annule et les rends absolument sans valeur. Fait à Chamoy de mon plein gré ce vingt-huit septembre mil sept cent quatre-vingt-douze, l'an quatrième de la liberté et le premier de l'égalité. » Signé : Rousseau de Chamoy.

Lesdits titres ont été brûlés en présence des deux municipalités dénommées ci-dessus, près la croix du marché à blé dudit Chamoy. Le vingt-huit septembre, l'an quatrième de la liberté et le premier de la République francaise. Et ont signé : L. Largentier, maire ; Claude Pinsot père ; François Portier, Gauthier, Prévost, E. Raoult, N. Gauthier, J. Jeoffroy, J. Denizot, procur. de la commune, Edme Menneret, maire, et Jeoffroy.

Mais quelques jours plus tard, le même Rousseau adressait aux administrateurs du département de l'Aube une requête, exposant « différentes voies de fait et violences exercées sur sa personne et ses propriétés par les municipalités de Chamoy, Sommeval, Auxon, Montigny et Saint-Phal » (du 4 octobre 1792). Le même jour, le directoire du département arrête « que les municipalités doivent être tenues de remettre au sieur Rousseau tous les titres et papiers qui lui ont été enlevés ». (Reg. d'ordre du département. Arch. de l'Aube, Lg[1] 40.)

comme il leur remettait ses titres sans force ni contrainte, et qu'il les déchargeât de toute répétition ». Le même jour, à trois heures après midi, ledit Chaperon se transporte de nouveau chez le procureur de la commune, où il trouve le maire ; on convient d'attendre jusqu'au jeudi. Le procureur engagera les citoyens de Saint-Phal à accorder ce délai. Le sieur Chaperon se rend chez le juge de paix Auger, et le prie d'écrire « au sieur Corps pour le prévenir de se tenir prêt pour ledit jour ». Mais les citoyens de Saint-Phal ne veulent pas de ce délai ; ils se rendent chez le juge Auger, et le forcent à déchirer la lettre qu'il a écrite. Le maire et le procureur n'assistent pas à cette scène. Le sieur Chaperon ayant dit aux habitants de Saint-Phal « qu'ils se rendaient responsables de tous les événements, ainsi que des dommages et intérêts résultant de leur infraction à la loi », l'un d'eux « lui a répondu qu'il s'en f... et qu'il n'avait rien, à quoi lui Chaperon avait répliqué que sa tête en répondrait ».

Et ledit mémoire, après avoir rappelé les lois qui protègent les propriétés, notamment la loi qui interdit d'empêcher la perception des droits seigneuriaux « sous prétexte qu'ils se trouveraient implicitement ou explicitement supprimés sans indemnité » (loi du 28 mars 1790), et celle qui interdit, sous prétexte d'usurpation, « de se mettre en possession par voies de fait, d'aucuns des bois, pâturages, terres vaines et vagues dont elles n'auraient pas la possession réelle au 4 août 1789 » (loi du 26 mai 1790) ;

Considérant qu'au lieu de maintenir l'ordre et de faire exécuter la loi, « le maire et le procureur de la commune se sont eux-mêmes rendus les interprètes des malveillants, en annonçant avec menaces audit Chaperon qu'il fallait que les titres fussent brûlés, ou que la maison dudit sieur Corps fût démolie » ;

Considérant que c'est sur l'ordre ou au moins par le consentement desdits maire et procureur que les haies qui entouraient la plantation d'ormes dudit Corps ont été arrachées, puisque lesdits ormes ont été élagués et la tonte vendue par eux publiquement (1) ;

Considérant que les habitants de Saint-Phal, « *enhardis par l'exemple du maire et du procureur de la commune, qui étaient*

---

(1) Cette propriété, plantée d'ormes, et achetée par Jacques Corps aux héritiers de M. Du Muy, avait-elle été usurpée autrefois sur la communauté de Saint-Phal ? Nous n'avons pu éclaircir ce point. Mais souvent les seigneurs se sont emparés, sans en avoir le droit, de bois ou de terrains

*à la tête de la faction, se sont rendus en force à la maison dudit sieur Corps, qu'ils ont contraint le dépositaire des titres et papiers de ce dernier de les leur remettre et que devenus possesseurs desdits titres et papiers, ils les ont brûlés, sans que lesdits maire et procureur aient fait la moindre tentative pour réprimer ce désordre* » ;

Considérant qu'en faisant porter une lettre au sieur Corps pour le prévenir que s'il ne venait pas le lendemain leur remettre ses titres, ils inviteraient les communes voisines à se réunir à eux et à jeter sa maison par terre, le maire et le procureur de la commune de Saint-Phal avaient pour but « *d'exciter une insurrection générale dans tout le canton* » ; qu'ils ont prouvé, par leurs actes, « *que leur dessein n'était pas d'examiner ou de faire examiner si les droits féodaux perçus par ledit sieur Corps étaient établis légitimement ou non, mais qu'ils étaient au contraire décidés à les anéantir sans exception, quelle qu'en fût l'origine, sans être astreints à racheter ou à continuer le paiement de ceux qui auraient pour cause une concession primitive de fonds* » ;

Considérant enfin que « *dans toutes les circonstances qui ont précédé, accompagné et suivi les incursions qui ont eu lieu dans la maison dudit sieur Corps, lesdits maire et procureur de la commune se sont montrés non seulement complices mais encore fauteurs et instigateurs des excès auxquels lesdits habitants se sont portés, et que le brûlement public desdits titres est une violation du droit sacré des propriétés confiées à leur surveillance par les lois* » ;

Pour ces divers motifs, les administrateurs du district d'Ervy estiment « *qu'il y a lieu de destituer sur le champ le maire et le procureur de la commune de Saint-Phal* » et « *de les déclarer incapables et indignes d'exercer, pendant dix ans, aucune espèce de fonctions publiques, même celle d'électeurs* », et « *de les priver pendant ledit temps du droit de citoyen actif* ».

Le registre d'ordre du département ne mentionne pas la

---

vagues appartenant aux communes. Le Mémoire en question ajoute que « *dans l'hypothèse où l'emplacement sur lequel la plantation a été faite aurait été réellement usurpé sur la communauté* », les habitants de Saint-Phal auraient dû se conformer à la loi du 28 août 1792 qui, « *en permettant aux communautés de se faire réintégrer dans leurs anciennes jouissances, leur défend de s'y réintégrer elles-mêmes* ». En 1789, il n'y a pas, à Saint-Phal, de biens communaux.

réponse faite à la proposition du district. Il semble pourtant qu'on ait destitué le maire Edme Menneret et le procureur Jean Denisot ; car il n'y a pas de délibération entre la dernière qu'ils aient signée (du 1er novembre) et le procès-verbal de la convocation des citoyens pour former une nouvelle municipalité (décret du 19 octobre 1792). Daté du 9 décembre, ce procès-verbal renferme ces mots : « Nous, Louis Finot, faisant les fonctions de maire, assisté du citoyen Nicolas-Étienne Honnet, faisant les fonctions de procureur de la commune... ».

Ces faits n'ont laissé que peu de traces dans le registre de la municipalité de Saint-Phal : une seule délibération, celle du 21 mai 1792, constate qu'on a coupé les liens et arraché les pieux de la haie qui protégeait au nord et au levant la propriété du sieur Corps, « *tenant à sa maison et proche l'église* », lieudit la Carrière ; le côté nord de ce terrain est « *vis-à-vis* » la place publique dudit Saint-Phal. Il s'agit donc ici de la plantation d'ormes dont les habitants de Saint-Phal prendront possession à la fin du mois de septembre suivant. Mais alors le registre n'en fera pas mention, pas plus que des titres obtenus de force et brûlés. Il ne constatera que la remise et la destruction des titres de Chamoy, le 28 septembre 1792. En août 1793, deux courtes mentions rappellent le dépôt fait au greffe de la municipalité, conformément à la loi, des titres et reconnaissances des droits féodaux que détenaient les deux notaires de Saint-Phal, Louis Auger et Nicolas Vivien (1). En janvier 1794 seulement, le registre relate la remise et la destruction des papiers des seigneurs de Saint-Phal concernant les droits féodaux (Feuille 88) :

Ledit jour (21 frimaire an II), à la même séance, nous avons pareillement délibéré que le vingt frimaire, jour de la seconde décade, étant assemblés sur la place publique, nous avons brûlé une quantité de registres et papiers concernant les droits féodaux qui nous ont été envoyés par le citoyen Desain, ci-devant seigneur d'une partie de la terre de Saint-Phal, et par le citoyen Corps, ci-devant seigneur de Saint-Phal. Laquelle cérémonie a été observée par les citoyens maire, officiers et membres du Conseil général, ainsi que par le Comité de surveillance et un grand nombre d'habitants de ladite commune. Le tout au son du tambour et violon ; à laquelle cérémonie était présent une partie d'un détachement de l'armée révolutionnaire.

[Suivent quinze signatures, dont une, celle du curé Robin, notable, a été grattée ; mais le paraphe permet de l'identifier par comparaison.]

(1) La Législative avait beaucoup réduit le nombre des droits féodaux rachetables (25 août 1792) ; c'est la Convention qui disposa que les droits féodaux seraient abolis sans indemnités (17 juillet 1793) et que les titres qui les constataient seraient remis aux municipalités et brûlés.

En 1796, le 6 thermidor an IV, Corps adressa une déclaration au directoire du département, pour demander à rentrer en possession de ses biens et de tous ses droits, conformément aux lois ; il s'offrait de prouver que ses deux fils et son gendre, Mazin de Bouy, avaient une résidence en France, et ne devaient pas être considérés comme émigrés. Nous ne retiendrons de ce document que le passage où Corps expose la situation nouvelle que la Révolution lui a faite, relativement à sa seigneurie de Saint-Phal : « Par les décrets j'ai perdu la censive générale sur les deux finages (de Saint-Phal et Crésantignes) qui valaient par les lods et ventes au moins 1,800 livres de rente ; j'ai perdu la mouvance sur 22 fiefs et terres qui valaient au moins d'après l'aperçu 600 livres par an ; j'ai perdu les droits de minage, hallage, pêche, chasse, défauts, amendes, de police et de juge d'appel ; j'ai été remboursé de rentes foncières en grains et argent aussitôt la loi du remboursement ; on m'a brûlé mes archives et titres, on a dégradé mes plantations ; on s'est emparé d'une place de plantation de sept arpents ; on a comblé les fossés qui l'entouraient, on a dégradé mon colombier. » Toutes ces pertes, « ainsi que le loyer des greffes perdus », ont diminué la valeur du bien de Saint-Phal et Crésantignes : payé 302,000 livres en 1785, il ne vaut plus que 200,000 livres (1). Les revenus sont évalués à 8,665 livres, ce qui par 22 produit un capital de 190,637 livres (plus des rentes foncières). Jacques Corps mourut à Troyes, dans sa maison de la rue des Quinze-Vingts, le 25 prairial an VI (13 juin 1798).

La Révolution avait affranchi la terre du roturier des nombreuses charges réelles qui la grevaient depuis le Moyen-âge. Le petit propriétaire eut de plus l'occasion d'agrandir sa terre, quand la Constituante, ayant mis les biens ecclésiastiques à la disposition de la nation (2 novembre 1789), eut décrété leur mise en vente. A Saint-Phal, le maire Nicolas Vivien et quelques membres de la municipalité soumissionnèrent dès le mois de septembre 1790 (2), mais les premières adjudications

(1) L'impôt de 1793, à Saint-Phal, monte à 3,757 livres et celui de Crésantignes à 78 livres 6 sols. qui font 3,835 livres. (La partie du domaine de Corps située sur Crésantignes n'avait que peu d'étendue, 25 arpents.) L'impôt est censé prendre le quart du revenu ; cela porterait la valeur du domaine à 3,835 × 4 × 22 ou 337,480 l., chiffre que Corps trouve exagéré.

(2) « Le huit septembre 1790, heure de midi, au lieu accoutumé à tenir les assemblées, nous, maire, officiers et membres de la municipalité de Saint-Phal, soussignés, nous nous sommes assemblés pour délibérer sur l'autorisation à donner pour la soumission à faire pour l'acqui-

n'eurent lieu que le 9 février 1791 ; on en fit d'autres pendant l'année 1791, puis dans les premiers mois de 1792 jusqu'au 18 avril. Elles cessèrent pendant la Convention, pour reprendre sous le Directoire, le 12 messidor an IV (30 juin 1796).

En 1791 et 1792, on ne vendit que 145 arpents 76 cordes de biens nationaux, achetés la plus grosse part par Jean Lucas, de Saint-Phal, le reste par Robin, d'Avreuil (15 arp.), et par un marchand de Troyes, Jean Bégat (19 arp.).

On adjugea d'abord les biens du prieur de Saint-Denis, qui étaient loués à Jean Lucas, marchand de bois à Saint-Phal, et receveur de la dîme pour le compte du prieur. Outre une chapelle, avec une chambre à feu attenant et 18 cordes de terrain, le prieur possédait le prieuré de Saint-Denis, corps de logis avec cour et jardin, complété par un petit bâtiment pour loger le sacristain, 106 arpents 75 cordes de terre, dont 47 arp. 75 c. sur Saint-Phal, 56 arp. 75 c. sur Chamoy et 2 arp. 25 c. sur Crésantignes ; enfin, 21 arp. 30 c. de prés, dont 3 arp. 67 c. sur Saint-Phal et 17 arp. 62 c. et demie sur Chamoy. Le tout, bâtiments et biens-fonds, fut adjugé à Jean Lucas pour 40,000 livres, plus 1,550 livres pour la chapelle vendue au même le 23 novembre 1791.

Voici le détail des biens-fonds achetés par Jean Lucas, sur Saint-Phal :

1° *Terres.* — 1 arpent, lieudit les Herbues ; 6 arp., lieudit la Bergerie ; 5 arp., lieudit Picat ; 2 arp., lieudit Picat ; 4 arp., lieudit les Gamets ; 3 arp., lieudit Moulin-à-Vent ; 10 arp., lieudit la Croix-de-la-Mission ; 1 arp. et demi, lieudit le Haut-du-Guet ; 37 cordes et demie, lieudit le Clos-de-Boüe ; 2 arp., *id.* ; 12 c. et demie, *id.* ; 1 arp. et demi, lieudit les Nouës ; 10 arp., lieudit Pirancey ; 25 c., lieudit le Clos-au-Brun.

2° *Prés.* — 2 arpents 25 cordes, lieudit les Petits-Arpents ; 75 c., lieudit la Roise-Bourbon ; 25 c., *id.*; 62 c. et demie, lieudit les Nouës-de-Pirancey (1).

---

sition de biens nationaux à vendre jusqu'à la concurrence de vingt-quatre mille livres. Et après avoir délibéré entre nous, nous autorisons les sieurs Nicolas Vivien, maire, Jean-François Drouot Louis François, Jean Scipiot, tous officiers, à faire ladite soumission jusqu'à concurrence de ladite somme, suivant le choix qu'ils feront desdits biens et tout à l'avantage du bien public, ce qui a été accepté ; lesquels ont signé ledit jour et an. » (Registre municipal.)

(1) Les biens du prieur, tant sur Saint-Phal que sur les communes voisines, avaient été loués à Jean Lucas, par bail de 1782, pour neuf années consécutives ; Jean Lucas percevait les dîmes, au nom du prieur,

Le 27 avril 1791, on mit en vente la seigneurie de Fays, dépendant de Notre-Dame-aux-Nonnains de Troyes ; l'abbesse possédait un domaine de 137 arpents 38 cordes, dont 84 arp. 2 c. sur Fays ; 51 arp. 65 c. sur Saint-Phal et 1 arp. 71 c. (pré) sur Chamoy. Le tout fut acquis par Jean Lucas, de Saint-Phal, pour 59,000 livres. Sur le finage de Saint-Phal, on avait vendu : 1° 28 arp. 82 c. de terre ; c'est-à-dire 12 arp. 4 c., lieudit la Croix-Guérain ; 65 c., lieudit la Croix-Guérain ; 5 arp. 59 c. (y compris 29 c. de pré), lieudit la Perreuse ; 10 arp. 83 c., lieudit la Pièce-du-Brun ; 2° 22 arp. 83 c. de pré, c'est-à-dire 10 arp., lieudit le Brun, entourés de fossés ; 66 c., lieudit la Vendue ; 1 arp. 71 c., lieudit Tuc-Vache ; 7 arp. 12 c., lieudit le Pré-des-Abbesses ; 63 c., lieudit les Petits-Arpents ; 2 arp. 42 c., *id.*

Le 18 mai 1791, on vendit 4 arp. de pré appartenant à l'abbaye de Montier-la-Celle et situés au Perchoy, lieudit l'Orme-Valaquin ; Toussaint Fournier, bourgeois de Vallières, les acquit pour 2,900 livres.

Le 25 mai 1791, on vendit les biens-fonds du couvent des Ursulines de Troyes, soit 13 arp. 40 c. de terre et 2 arp. 69 c. de pré. Ces biens étaient très morcelés. Les terres comprenaient : 50 cordes, lieudit le Rup-Bernard ; 1 quartier et demi, *id.* ; 1 quart. et demi, lieudit le Brun ; 1 quart. et demi, lieudit la Ruillote ; 3 quart., *id.* ; 1 quart., *id.* ; 45 c., lieudit le Champ-du-Puit ; 1 quart., *id.* ; 1 quart., lieudit le Champ-Chaillot ; 62 c. et demie, lieudit le Clos-Mélot ; 62 c. et demie, lieudit les Herbues ; 1 quart., lieudit la Croix-Rouge ; 50 c., lieudit la Norilanguette ; 1 quart., lieudit Lignant ; 150 c., lieudit le Lignant ; 50 c., lieudit les Corattes ; 3 quart., *id.* ; 1 quart. et demi, lieudit les Créolles ; 3 quart., lieudit Maloche ; 1 arp., lieudit le Grand-Chemin ; 1 arp., lieudit les Hâtes ; 3 quart., lieudit Picard ; 3 quart., lieudit le Rup-Bernard. Les prés comprenaient : 20 cordes au Perchoy, lieudit les Ventes-Neuves ; 45 c., lieudit le Pré-Verdun ; 45 c., lieudit les Vieux-Prés ; 40 c., lieudit les Grands-Chênes ; 30 c., *id.* ; 50 c., lieudit la Roise-de-Bourbon ; 1 quart., *id.* ; et 14 c., *id.* L'acquéreur Robin, maire d'Avreuil, village limitrophe de Saint-Phal, paya le tout 6,100 livres.

---

sur Saint-Phal, Chamoy, Mâchy, Fays, Crésantignes et Chansicourt. Il devait au prieur 3,000 livres en argent par an ; de plus, il devait payer au curé de Saint-Phal 500 livres, à son vicaire 250 l., au sacristain 350 l. et au desservant de Chamoy 250 l.; ce qui représentait un revenu total de 4,350 livres. (V. aux Arch. dép., Série Q. : 1° l'état des biens ecclésiastiques dressé en 1790; 2° les actes de ventes des biens nationaux.)

Le 21 mars 1792, on vendit les biens de la desserte de Chamoy, soit 3 arp. 60 c. de terre, lieudit les Ormats ou Terre-Saint-Côme (le patron de Chamoy) ; cette terre tenait d'un bout à Jean Lucas, de Saint-Phal, qui en fit l'acquisition pour 1,325 livres. Quand on mit en vente les biens de la fabrique de Chamoy, en messidor an IV (1796), deux pièces de terre situées sur Saint-Phal, 75 cordes, lieudit Derrière-le-Parc, et 80 cordes, lieudit Rue-de-Roisellée, furent acquises par Jacques Fortin, propriétaire à Troyes.

Le 18 avril 1792, on mit en vente un gagnage et labourage, appartenant au chapitre de Saint-Etienne de Troyes et consistant en 15 arp. et demi de terres labourables en plusieurs pièces et différentes contrées, sises au finage de Saint-Phal, et une pièce de pré de la contenance de 3 arp. et demi, lieudit Pré-Verdun.

D'après l'acte de vente, ce gagnage avait été loué à Nicolas Vivien, notaire à Saint-Phal, le 10 avril 1789, pour neuf ans, moyennant 80 boisseaux, par moitié seigle et avoine, pour la terre (1) et 50 livres pour le pré, par an. D'après l'état d'estimation dressé par Louis Auger, le 20 décembre 1790, la terre était louée pour 67 boisseaux de seigle et 67 boisseaux d'avoine ; et elle se composait de 15 parcelles : 1 arp. et demi, lieudit le Rossignol ; 1 arp. et demi, lieudit la Péreuse ; 1 arp. et demi, lieudit la Croix-à-Goutin ; un demi-arp., lieudit la Vigne-Rouge ; 75 cordes, lieudit Bouteille ; un demi-arp., lieudit Bouteille ; 75 cordes, lieudit Bouteille ; 3 arp., lieudit les Crost ; un demi-arp., lieudit Bouteille ; 1 arp. 25 c., lieudit les Lignaux ; 1 arp., lieudit le Clos-au-Brun ; 1 quartier, lieudit les Millières ; 50 c., lieudit les Corattes ; 1 arp. et demi, lieudit les Corattes, et 50 c., même lieudit.

Ces biens furent acquis par Jean Bégat, marchand, demeurant à Troyes, pour 9,200 livres.

En résumé, pendant la période dont nous faisons l'histoire, on a vendu, sur le finage de Saint-Phal, 145 arp. 76 c. de biens nationaux, soit 109 arp. 7 c. de terre et 36 arp. 69 c. de pré. Ces biens, estimés le 20 décembre 1790 par le commissaire du département, Louis Auger, ont été vendus, à chaque fois, environ le double de leur estimation. Les terres avaient été estimées 200, 225 et 300 livres l'arpent ; les prés 110, 150, 250

(1) Le « blé de seigle » estimé à 35 sols le boisseau et l'avoine à 20 sols, d'après le fermier.

260 et 350 livres l'arpent. Les quatre arpents de pré de l'abbaye de Montier-la-Celle, estimés 1,200 livres, sont vendus pour 2,900 livres.

Les biens nationaux qui restaient à vendre le furent du 12 messidor an IV (été 1796) au 9 fructidor an VIII (été 1800). On vendit :

1° Les biens de la fabrique de Saint-Phal, soit 7 arp. 89 c. de terre, 19 arp. 23 c. et demie de pré et 136 cordes et demie de vigne, au total 28 arp. 49 c., adjugés en 14 lots, à des dates différentes. Les acquéreurs étaient des habitants de Saint-Phal : François Desruts, Louis Fenard, François Gallié de Bois-Guerry, Nicolas Finot, Jean Denisot, Jacques Couvreux, auxquels il faut ajouter le curé Robin (les 40 cordes de vigne qu'il louait), Edme Finot, du Cheminot, et Autrand, tailleur à Troyes (des prés) ;

2° Les biens de la fabrique de Javernant situés sur Saint-Phal, soit 1 arp. de terre et 2 arp. 23 c. de pré, acquis par Edme Jaillant, de Crésantignes ;

3° Les biens de la fabrique des Granges, soit 7 quartiers et demi de pré, achetés par Nicolas Caillet, de Troyes ;

4° Un pré de 3 arp. appartenant au chapitre de Saint-Urbain, acquis par le curé Robin ;

5° Enfin les biens de la commanderie de Troyes pour l'ordre de Malte, dite commanderie du Perchois, soit 855 arp. 22 cordes de terrains en terres cultivées, prés, pâtures, bois, broussailles et étangs (39 arp.).

On y distinguait : deux fermes situées à l'extrémité nord-ouest du village, lieudit Forêt-Chenu, comprenant des terres (257 arp. 25 c.), des bois (19 arp.) et des prés situés sur les finages d'Avreuil et Vanlay (7 arp. et demi), acquises par Edme Curtille, marchand de bois demeurant au faubourg Croncels, à Troyes ; quatre fermes situées dans la partie est du finage, notamment lieudit le Perchois, achetées par Eustache-Louis de Mauroy, agent forestier, demeurant à Troyes ; d'autres terres, prés, bois ou broussailles achetés par Matagrin, Michaux, Petit et Cogit, de Troyes, ou par des habitants de Saint-Phal : Louis Auger (29 arpents de terres et prés) et François Desrues (bois).

On mit aussi en vente quelques propriétés d'émigrés. Non pas les biens de Jacques Corps (1), dont les réclamations reçurent un accueil favorable, mais ceux :

(1) Le gendre de Jacques Corps, de Bouy, resta à Saint-Phal jusqu'en 1830. Le domaine de Saint-Phal fut alors morcelé et vendu. Le château

1° De Camusat, dont les 90 c. de vigne situées sur Saint-Phal (lieuxdits l'Ecorce brûlée, les Corattes), furent acquises par François Briois, de Troyes (1);

2° De Jean Dreuille, dont les 5 arp. 18 c. de terre et les 40 c. de pré furent acquis par René Cogit, de Troyes;

3° De Bonaventure-Louis Huez, dont les 150 c. de vigne furent achetées par Hippolite Garnot, de Troyes.

On avait donc mis en vente, sous le Directoire et le Consulat, 891 arp. 81 c. et demie de biens nationaux, ce qui faisait, avec les biens vendus par la Convention, un total de 1,037 arpents 57 c. et demie. Ces propriétés étaient en général morcelées, quoique le plus souvent moins que de nos jours.

Nous arrêtons cette histoire de Saint-Phal en 1795, au moment où la Convention se sépare, après avoir créé les municipalités de canton. Il eût été intéressant de suivre la vie municipale de Saint-Phal dans un cadre plus large. Mais le registre de délibérations de l'assemblée cantonale de Saint-Phal reste introuvable. A notre grand regret, nous n'avons pu écrire ce dernier chapitre.

G. CHANDELLIER.

---

passa aux mains de Montaigu, puis de son fils qui le revendit en 1842. Le château fut alors démoli. (V. le *Tableau statistique* de Degois, 1842.)

(1) Ou 95 cordes, faites par Nicolas Papin, vigneron de Crésantignes. Quand, par ordre du directoire d'Ervy, on mit en vente les fruits de la vigne, le 29 fructidor an II (septembre 1794), Nicolas Papin réclama 57 livres pour la façon et 35 livres pour le fumier; de Camusat de Riancey, père d'émigré, détenu à Troyes, il n'avait reçu que 15 livres sur les 92 l. à lui dues.

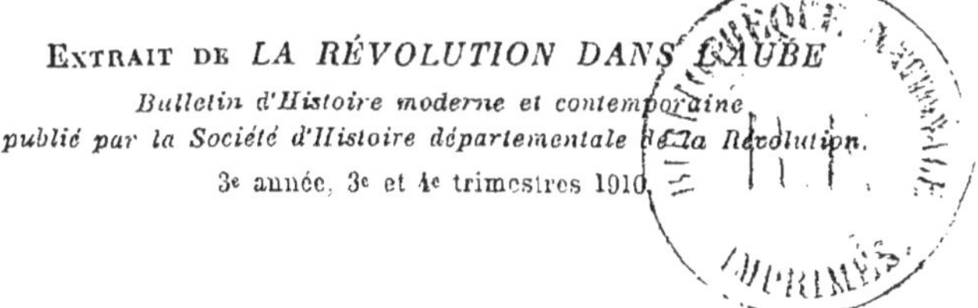
EXTRAIT DE *LA RÉVOLUTION DANS L'AUBE*
*Bulletin d'Histoire moderne et contemporaine*
*publié par la Société d'Histoire départementale de la Révolution.*
3e année, 3e et 4e trimestres 1910

Arcis-sur-Aube. — Imprimeries Réunies, rue Belle-Dame.

www.ingramcontent.com/pod-product-compliance
Lightning Source LLC
LaVergne TN
LVHW020450230826
846091LV00004B/1632

* 9 7 8 2 0 1 1 9 2 7 2 0 0 *